Edith Hamilton

THE ROMAN WAY

罗马精神

[美] 依迪丝·汉密尔顿 著
王昆 译

华夏出版社

编者导言

依迪丝·汉密尔顿（Edith Hamilton，1867 – 1963）出身学问世家，从小受到良好的语文教育，特别是古典教育。成年后一直从事教育工作。55 岁退休后开始写作。1930 年出版的《希腊精神》(*The Greek Way*) 让她蜚声读书界。此后陆续出版了《罗马精神》(*The Roman Way*，1932)，《以色列的先知》(*The Prophets of Israel*，1936)，《真理的见证：基督及其诠释者》(*Witness to the Truth：Christ and His Interpreters*，1949)，《神话》(*Mythology*，1942)，《希腊文学的伟大时代》(*The Great Age of Greek Literature*，1943)，《上帝的代言人》(*Spokesmen for God*，1949) 等。每一部都基于深厚的研究，写作则面对普通读书人，行文流畅易读，让人读后受益甚丰。她还翻译了几部希腊悲剧和柏拉图的对话，也成为希腊经典英译的名篇。汉密尔顿出版最后一部主要著作《希腊的回声》(*The Echo of Greece*) 时，已 90 高龄，文字仍青春蓬勃。

西方文明主要由希腊、罗马、希伯来、基督教汇流发展而来。希腊、罗马代表此岸理性，希伯来、基督教代表信仰。在艺术、文学、哲学、科学等精神领域，希腊人创造了无尽的奇观。在政治组织的艺术方面，在世俗生活的文明方面，罗马则为后世提供了辉煌的典范。汉密尔顿说到希腊、罗马，如数家珍。对希伯来、基督教传统，汉密尔顿也有深入研究。在《上帝的代言人》序言中，她提到自己是以研究者的身份而非信仰者的身份来写作的。我觉得这也是个优点。宗教首先要求信仰，不过，我们不能什么都信仰，我们早已生活在多种精神传统的融会之中；心怀景慕，从多种精神传统中汲取心的光华与智的能量，是现代人，尤其现代的中国人当行之道。更多了解，更多赏慕，不囿于粗陋框架中的中西之争，岂不善哉！

我在美国读书期间，在旧书摊上买到汉密尔顿的几部书，都是一口气读完，尤喜爱《希腊精神》，读了不止一遍。后来，年轻友人葛海滨有意读一点儿希腊，我就推荐他读这本书作为入门，他读得高兴，就断断续续把它翻译出来，作为翻译练习，有些难译的句子，我也曾与他切磋。现在，华夏出版社又行一桩功德，推出这套"汉密尔顿的古典世界"丛书，包括译文经过修订的《希腊精神》。这些书，博学、明达、丰满、优雅，我相信，必有益于滋养我们的心智，必为读书人所喜。

陈嘉映
2008 年 3 月于北京

目录

- 001 引言
- 001 第一章　喜剧的镜子
- 013 第二章　普劳图斯和泰伦斯笔下的古罗马
- 033 第三章　普劳图斯和泰伦斯的喜剧精神
- 047 第四章　西塞罗的罗马：共和国
- 057 第五章　西塞罗其人
- 073 第六章　恺撒和西塞罗
- 093 第七章　卡图卢斯
- 113 第八章　贺拉斯
- 131 第九章　贺拉斯笔下奥古斯都时代的罗马
- 145 第十章　罗马精神
- 159 第十一章　进入浪漫时期的罗马：维吉尔、李维和塞内加
- 183 第十二章　尤维纳利斯的罗马与斯多葛派
- 201 第十三章　古代的结束
- 205 大事年表

引 言

请允许我作一个私人的声明。自从我七岁时在父亲——他不知道怎么放宽治学的严格要求——督导下阅读《为恺撒的六个星期准备》时起,我就一直在读拉丁作品,仅在大学期间有过短暂中止。尽管如此,我的阅读只是为了我自己的兴趣,我读法语或者德语作品也是这样。我翻开西塞罗、贺拉斯或者维吉尔的作品,只为从中得到乐趣,一点点也不是因为他们写作用的是拉丁文,或者因为他们对于了解罗马历史至关重要。罗马人的言行对我的吸引从来都比罗马人本身要小很多,而比起罗马人自己的评述,我对历史学家关于罗马人说过什么的兴致也不知要小多少。

所以,当我构思《罗马精神》时,我看到的只可能完全是罗马的作家们标志出的轮廓。在写作本书时,我想到的只有他们。这本书不是什么罗马历史,它只是想要指出,在罗马的伟大作家眼中罗马人是什么样子,只是想要看看,他们自己表现出了罗马人哪些特质,而让他们有别于其他古人。一个民族的文学是真正认识他们的伟大教材。同时代的作品对该民族特质的表现程度,非任何历史建构所能比。我们看安东尼·特罗洛普(Anthony Trollope)或者 W. S. 吉尔伯特(W. S. Gilbert)的作品,从中得到的维多利亚时代中期的英国印象,比历史学家的任何描画都要无与伦比地好。要理解少数特选者独享尊贵的那些年月背后的那股力量,它们是我们最好的教材。

这种教材就是我唯一的凭据。对于每个时代，我都只选取时人的叙述。这样一来，本书内容的遴选，就不是基于个人爱好，而是看作家在多大程度上表现出了他自己那个时代的人的生活和特点。普劳图斯和泰伦斯在这个意义上最为重要，因为他们不仅为我们所知道的罗马描画出第一幅画面，而且描画出了众多细节。泰伦斯到西塞罗之间的时段，既然没有一部作品留存，当然就可略过了。西塞罗时期的罗马篇幅最长，因为在我们掌握的各个时代的信息中，他的书信是最好的资料来源——不只是罗马的信息，而且包括整个古代的信息。

罗马塑造其民众的那种力量，在文学作品的字里行间都显而易见。所有的罗马作家们都首先是罗马人，其次才是作为个人的艺术家。当然，他们彼此不同，譬如西塞罗和塔西佗，或者贺拉斯和尤维纳利斯，都不相同，但他们的不同，与他们根本上的相似之处比起来，就微不足道了。在我们看到的拉丁文学从始至终的四个世纪里，每个作家都表现着罗马精神的大义。

第一章
喜剧的镜子

没有其他任何东西,比流行戏剧更能表现民众的品性。
每个时代的喜剧都是为那个时代的民众竖起的镜子,
一面独特的镜子。

当大幕升起，古罗马的精彩大戏就要在我们眼前上演时，让人吃惊的是，拉起大幕的是两个喜剧作家。在这个庄严舞台上，他们是最先现身的人。流传至今的罗马文学中，最早的作品是喜剧集。再早我们只知道两个作家，他们的作品早已湮没无存，唯余残篇。不仅拉丁文学，还有我们关于罗马的直接认识，都来自喜剧，并且不是那种粗俗的民间喜剧，而是丰赡曲致，真正的喜剧格调。这个事实，很少有人琢磨，其实让人费解。教育和书本给我们植入了关于罗马人的观念：从不屈服的民族，比所有其他民族更严格、更坚定、更严肃。让人忐忑的是，我们这种认识的源头却和这些观念正好相反。按照我们的观念，世界之王的文学作品应该以有关战争的、激动人心的事情作为发端，是有关勇士和战绩的古老歌谣，由慷慨激昂的行吟诗人吟唱，在一部伟大的史诗即拉丁文的"伊利亚特"（指《埃涅阿斯纪》——译注）中达到巅峰。但文学的世界有多广阔，罗马文学实际的起点就离我们的这个观念有多远，它的起点就是一系列喜剧，人们普遍认为它们是建立在当时民间的希腊喜剧基础之上。

　　再没有其他哪个伟大国家，其文学之源竟是完完全全的外来物。在希腊，文学的发展是自然的，产生于通过口口相传和无数未知时代的修补而传承下来的歌曲故事。在人们——农夫、牧人、战士——心中有自然的愿望，想要形象地表达，它们最终形成文学形式，千古存留。罗马则是另外一种情形。文学形式最早是，漂洋过海，从希腊而来。发现有现成的形式正好合适，表达的愿望才随之而来，所以愿望只在其次。若想论及罗马精神，这个事实意味深长。

　　公元前3世纪，罗马文学在第一次布匿战争之后的一代人中突然出现；而且不仅喜剧，其他所有一切都以希腊为典范。在别处，几乎很难看到本国文化被国外舶来品取而代之。我们确实发现一种罗马特有的韵律，它与第一位翻译希腊文学的人运用的韵律毫无共同之处；我们还发现，后来的作家引用了他们在童年时代听到的若干歌谣；不过，这就是古罗马本土文学的全部。或许罗马农民和牧人以强烈的务实态度闻名后世，很不愿意花宝贵的时间吟歌弄曲、编排故事，或许后来终于登场的文人们关注那些向化外找寻文化并且很快满载而归的作家，而轻视民间文化，无论真相如何，事实让人震惊。罗马民族对诗歌的感觉并不强烈。他们自然的天资不是催迫他们去做艺术的表达。传说，罗马建于公元前753年，而我们知道的最早的罗马文学作品，《奥德赛》的译本，出现于第一次布匿战争末期，罗马建城约五百年后。在这数百年间，不管世界向罗马人展示了什么，或者生命带给了他们什么，似乎他们都很少有冲动以任何形式去传达。后来，罗马批评家提到一种本土的喜剧，是节庆时即兴的表演，但是没有理由认为，它曾形于文字，可以肯定的倒是，它没有直接的文学传续。

对我们来说，罗马文学始于普劳图斯，一个模仿希腊风格的喜剧作家，他向我们展示的罗马生活是我们对罗马的第一瞥。这是简单的一瞥。为他和泰伦斯——他的后继者——掀起的大幕，很快便又落下。当大幕再次掀起，我们看到的已经是西塞罗的时代。除去一篇讨论农业的文章——诡异的是，这是加图，一位笃定而老迈的道德判官的作品——存留，在这期间我们有的只是一些文学的碎片，没有确凿的材料来重新搭建这个城邦，而这时它已经称霸于世界。是的，当两个喜剧家中更为年轻的泰伦斯创作戏剧时，希腊人波力庇阿斯正在创作一部记述罗马强权兴起、强盛的伟大史撰，其中很大部分保存了下来。但他关注的是罗马的战争，以及作为战士的罗马民众。直到公元前1世纪，关于罗马生活的其他部分，同时代人给我们提供的信息都只是来自这两位戏剧家的作品。

我们或许是幸运的，因为留存下来的是喜剧。无论什么时代，没有什么比民众看的戏更能反映他们的模样。没有其他任何东西，比流行戏剧更能表现民众的品性。而喜剧作用尤甚。喜剧必须——悲剧就不必——向观众展示他们熟知的真切的生活画面。每个时代的喜剧都是为那个时代民众立起的镜子，一面独特的镜子。古代喜剧传到我们这里，仅存四位剧作家的作品，他们是希腊的阿里斯托芬和米南德，以及罗马的普劳图斯和泰伦斯；这些作品是面镜子，在这面镜子中，希腊和罗马人得到了生动再现，而且他们正处在对我们来说非常重要的时期：希腊最光辉的岁月——在我们的思想和我们的艺术中仍然能够感受到它的影响——以及紧随其后的时光；以及百年之后的罗马，这时迦太基已经两次被击败，罗马文明的基石已经牢牢奠立，我们自己的文明直接溯源于斯。关于古代这两个最伟大的国家，我们最想知道的是，把它们建立起来的人民，作为凡夫俗子的男男女女，是何种模样，而这些，那部关注他们的战争和法律的历史著作却很少向我们描述。他们是剧场——主要是喜剧剧场——里的芸芸众生。只有在剧场我们才能发现他们。流行喜剧说的就是平常人。

如果希腊悲剧散佚，我们有的只是阿里斯托芬，那么关于伯里克利时代的雅典平民仍然会有非常周全的观念。阿里斯托芬的每部戏剧都表现出他和其他地方的戏剧家多么不可同日而语，他想要的娱乐多么与众不同。阿里斯托芬有他自己的喜剧概念，可谓前无古人，当然也后无来者，他自己也这么告诉我们。《马蜂》与《和平》的合唱部分，展现了这位雅典最著名的戏剧家招引观众的手法：

你们的诗人不屑于在舞台上展示
几个小人物及其卑鄙龌龊的行为方式。他表现了一个宏大的主题——这个时代。
他把那眼睛火红的怪物、肮脏的罪恶和那班可憎的作伪证者暴露无遗。
与幽灵怪影以及肆虐我们土地的痛苦不幸作战到底。①

正是他，愤怒地扫除了舞台上充斥的乌合之众：
贪婪的诸神、流浪汉、欺诈的恶棍、哀号的奴隶、壮实的乞丐、无耻的群氓。
如此粗俗、卑劣的废物，他即刻命令他们离开剧院，
然后将这门艺术升华到尊贵的位置，如广厦宏伟庄严。
他给舞台带来崇高的思想和崇高的语言，那种幽默罕见而

---

① 《马蜂》，卷 v，页 1027。

雅致,

却不用粗鄙的笑话攻击饮食男女的琐事。①

在这里,阿里斯托芬和他的观众想要从喜剧的缪斯那里得到什么,写得很是清楚。在他们眼里,喜剧是伟大的,她堪与悲剧比肩,同享悲剧的尊严,从根本上也有着同等深刻的严肃性。雅典的古典喜剧卓然独立。她不同于其他国度其他时期的喜剧,恰如伯里克利时代有别于他世。阿里斯托芬笔下,没有饮食男女。在阿里斯托芬看来,宏大主题、世相庄严的观念属于喜剧,就像在埃斯库罗斯看来它们属于悲剧一样。被阿里斯托芬清除出舞台的那些乌合之众,那些陈腐之人,个个带着固定的套路,还有老掉牙的笑话——"几个小人物及其卑鄙龌龊的行为方式"——让位给了妙不可言的形象:鸟儿们在空中建筑起城市,足以让所有人间的城市汗颜;一群嗡嗡叫着的马蜂揭露了法庭的真面目;容光焕发的和平女神仪态万方;还有死后的无情世界,在那里艺术获得了最后的奖赏。这是阿里斯托芬关于喜剧范围的观念。它随他而去,从此再也没有在剧院出现。

当他和他的观众一起消逝,老旧的谐谑戏剧重又回到前台。他以伟大戏剧的名义发布的流放令,有效期并没能超出他的生命。在公元前四百多年前,机巧的仆役、吹牛皮者、江湖术士、酒鬼、狡诈的盗贼,用阿里斯托芬的话说,就是这些为人熟知的老式人物,从流放地又回来了。我们对于过去的无知之深,并非经常如此生动地向我们展示出来。对人头攒动热闹非凡的剧院我们一无所知,对那些往往由智者创造的启人心扉的娱乐也是如此。对荒谬不经的绝

---

① 《和平》,卷 v,页739。

妙感受，还有观察和刻画人类本性的真正天才，把那些此后一直把持舞台的人物首先搬上舞台，只有阿里斯托芬活着时是个短暂例外。拉丁喜剧，以及随之而来的所有近代喜剧，都利用了无名的希腊剧作家们在幽昧的过去创造出的谐趣形象。为这个伟大的雅典人及其时代所鄙薄的男女琐事，不仅长久地占据了舞台，还长久地占据了文学殿堂。阿里斯托芬确实是遗世独立。这些曾经战斗在萨拉米斯、筹建过雅典卫城、雕刻过帕台农神庙的雕像的人们，他们确立了雅典戏剧的准则，而当他们死去，无论是伟大的悲剧还是伟大的喜剧，都再也没有观众了。

雅典，我们常被告知，是一个民主政体，当然，它建立在奴隶的基础之上，因为在古代世界这是文明生活的必需，但除此以外，那里的所有人都享有自由和政治平等。不过，民主政体各个有别。伯里克利样式和后继者不尽相同。民主政体的幼年期和成熟期有着根本区别。最开始，贵族制仍有残存。贵族制的风气到处流传。与佛蒙特州的柯立芝先生的民主相比，弗农山庄的华盛顿的民主呈现出不同的面貌。伯里克利是贵族式民主主义者，而在柏拉图的年轻人那里，才有完备的民主。那个年代的剧院观众，是接受高度教化、拥有良好品味的人，他们不会为流俗娱乐。但4世纪的雅典是另外一种风气。贵族制一去不返，民主制安营扎寨。人们不需要为雅典战斗和受苦。雅典安逸闲适，也平淡无奇；人们过着中产阶级水准的轻松生活。新喜剧反映出了这个时代，不止一个古代作家们这么向我们证言，尤其是为这一革新打扮粉饰并鼓与呼者米南德。一个狂热的亚历山大人喊道："噢，生活，噢，米南德，你们两个到底谁抄袭了谁？"

在所有同时代的艺术家中，只有他的作品留存下来，不过只有很少部分。没有完整的剧作传到我们手中。事实上，直到几年以前，我们对他的直接认知还只是通过简短的碎片，只是通过用以解释某个观点的几行引文，诸如此类。不过，无上的赞誉，以及古代批评家和作家们对他的悉心模仿，很多了解都是从这里间接推衍而来。而在发现一个近乎完整的剧本和其他几个仍有很大一部分保存下来的剧本之后，人们对这种盛誉究竟在多大程度上名副其实产生了疑问。这些戏剧的文字甜腻，时不常地运用很有技巧也很精致的笔触描绘人物，对话有时很逗，情节构思有神来之笔，但是除此之外，无他，这是往好里说；往坏里说，就是实在无趣得很。它们没有真趣。它们是寻常人物的寻常生活；是风格平静的微雕艺术；一幅稀松平常的社会画面，各安其位，色彩暗淡，宣扬惩恶扬善，但是就像其中描写的罪恶与美德一样温吞，并且常常以幸福的婚礼作结。阿里斯托芬对此会作何评价？人们不禁会想。这里，没有阿里斯托芬瑰丽想象的最微弱的痕迹，也没有他高亢笑声哪怕最遥远的回响。再没有比这两个剧作家的反差更能表明雅典在这五十年左右的跨度中所经历的变化了。

　　一朵天才之花的短暂绽放，不仅是希腊而且是我们整个西方世界的黄金时代，由一个高傲而充满巨大欢欣的灵魂开启，他对过往的英雄业绩感同身受，更以满腔欢愉的勇气面对未来的壮美事业。这短暂的辉煌活在为阿里斯托芬放肆的无厘头欢呼雀跃的观众中间，他们怀着紧紧追随阿里斯托芬大师精神的热望，习惯于为他灵光乍现的讽刺喜悦微笑，欣赏沉迷他匠心独具的幽默模仿。但是火焰，这么热烈，这么灼热，却很快逝灭，只留下让人愉快的炉边暖意。阿里斯托芬的观众需要的，米南德的观众再也不需要一丁点。他们走出家门，是图找个乐子，没有灵魂激荡的娱乐，就像他们的平常生活，还有，最重要的是，不能对他们的理性做出任何要求。闲适，富足，安稳，这是新时代的新准则，这些新准则产生了新喜剧。和风吹过，雅典人改变之迅速，让他们自己都感到吃惊，他们寻找理由，归罪于斯巴达。从此之后的世界，只是它们的回响。而阅读米南德，是要去充分理解，伯里克利时代的消逝为何不可避免；是要去认清，有比伯罗奔尼撒战争中斯巴达的胜利更有说服力的理由。

在罗马，喜剧对于我们甚至有着更为重大的意义。两位罗马喜剧家之所以极端重要，以致在任何意义上都要超出希腊人，是因为他们创造了真正的范式，欧洲喜剧得以据此成形。跟随他们，我们走进拉丁影响的广阔疆域，它强有力地塑造了我们的文明，影响直接，且无所不在，与希腊影响实不可同日而语。阿里斯托芬没有建立学派。他没有追随者，无论古今。米南德只是像影子一样生活在罗马戏剧史上。而普劳图斯和泰伦斯正是我们今天知道的戏剧的奠基人。

不过，他们立起的喜剧的镜子与他们自己的时代有多近，要判明这点并不容易。前面说过，那个时代的文学中只有他们的作品留存至今。没有任何同时代的记录，以检验他们作为有关罗马情形的资料来源的可信程度。他们对希腊新喜剧的模仿有多深，在多大程度上是翻译，又在多大程度上是追随自己的天赋，这些问题让学者们激动，因为按照学术标准它们都未有定论。学者们的争斗可能永无休止。因为米南德的作品少有留存，以致最渊博的学者也没法宣布哪一方获胜，而米南德之后的喜剧家更是完全湮没无存。但是，缺乏确凿的事实——学者们只关心这些——并非就让人没法做出论断。在试着得出结论时，关于这个问题，有些确定无疑的方面不能忽略，它们可以从总体上证明这两位罗马人的匠心独具。

他们关于自己作品的评价，这些他们自己提供的证据，对米南德非常有利。他们的开场白提到了希腊戏剧、米南德或其流派的作品的名字，他们宣称他们自己的剧作正以此为范本。除了偶然地结合两部戏剧作出一个新剧这样的小创新之外，他们俩没人声称原创过什么。在泰伦斯的一处开场白中，他非常自豪地说到自己曾一字一句地翻译了某一场景。但是在这点上要记住，在古代，模仿者如果模仿的是众所周知的经典，他不仅不会遭到轻视，反而受到高度尊敬。普劳图斯和泰伦斯很有理由去强调他们跟备受推重的米南德的关系。与这个证据相比，还有一个很具分量的要点，它决定性地让天平朝着这些戏剧是货真价实的罗马作品方向倾斜，这点就是喜剧的内在品质。

有人认为他们展示给观众的不是罗马，而是希腊，是异邦的民众——他们的生活方式在罗马人看来很是古怪。这些看法没有考虑喜剧的本质。喜剧必须表现熟悉的场景。剧情的推进很容易理解，这非常重要。让人心生疑惑以及必定随之而来的反感，喜剧也就演不下去了。观众到这儿，不是想要开阔眼界，观察其他地方或者族群的生活。他们想要看到的是他们熟知的人，是按照他们生活方式所过的生活。一个照自己蠢得离谱的观念生活的外国流浪汉是主要的丑角，但要是这类人充斥整个舞台，那也不是有趣的事。在普劳图斯的戏里，一个奴隶因为工作出色受到嘉奖，他得到一桶酒，并获准和朋友共享。在希腊喜剧原作的情节中，重头戏是紧接着的热闹宴席，当然普劳图斯也不会落下，但是他知道这在他的观众看来会很古怪，实际上这与他们对待奴隶的观念大大冲突，因此他让这个奴隶转向观众并且说道："奴隶还会喝酒，谈情说爱，大摆筵席，你一定会感到吃惊；在雅典，我们这样是允许的。"普劳图斯作为喜剧家的本能是出色的。他不会让他的演员离开公众。不过，这是他唯一觉得需要解释的地方。

那些看戏时会心微笑的人们，他们对这些戏里的角色感到亲切熟悉，在这些角色的生活中没看到"陌异"之处。观点与此相反的人们或许会争辩说，安提福勒斯和德罗米奥斯——其原型都出自普劳图斯的一出戏——是罗马人或希腊人，而非莎士比亚时代的人。莎士比亚从未尝试让罗马人占据他的戏剧。《错中错》和罗马人或者以弗所没有关系，就像《仲夏夜之梦》和雅典人无关一样。两个德罗米奥斯的英国印记，和巴顿一帮人一样清楚。《司卡班的诡计》的许多场景都在模仿泰伦斯的《佛尔缪》，有时对话甚至就是直接翻译，但是让他的人物成为法国以外的其他什么人，这个致命错误莫里哀却永远不会犯。因为莫里哀很清楚，喜剧的范围不能超越国界——即使在如今我们这个全球化的时代。今天传播到我们这里的各大洲的戏剧，都有所改变，以使它能够被美国人接受。

确实，这两个罗马人一直在说，他们的喜剧发生在希腊的一个城市，戏中人物起的也是希腊的名字，但是这些事实根本不能作为证据。之所以形成这个传统，有着充分的理由，它和戏中人物的国别无关。对罗马喜剧家来说，选择一个遥远的国家来取乐，有重要的实际意义。舞台总是最吸引立法者的注意，世界上最热衷于为万事立法的罗马人对文字审查热情很高。《十二表法》的一个法条判处任何诽谤者鞭刑，普劳图斯的一个同时代人被监禁流放——这在当时是仅次于死刑的刑罚——就是因为他写的戏中有一处不尊敬地提及了某些权贵。在这些诉讼背后，是关于何为罗马公民的固有观念。他们带有一种神性，因此不应有粗俗文字嘲弄他们。面对这一矛盾，喜剧可以找乐，但不能找罗马人的乐子，喜剧家们有意识地转向外国作为场景。他们不愿越雷池而自找麻烦。这些起着希腊名字的人们在集市散步，往首都集聚，敬奉罗马家神，轻蔑地谈及"那些希腊人"，诸如此类。前后一致不很重要，但逃避审查却很重要。

政治影射也同样危险。真的没有什么比阿里斯托芬在罗马出现更让人难以置信了。当作奸犯科者接受国家审判时,罗马的习惯用语是:辱没共和国尊严。在罗马,犯下这种辱没尊严重罪的人,他们的命运会迅速改变,而很难再有机会去写出喜剧。这个想法至少对普劳图斯意义重大。在他欢快愉悦的精神中,在他跃动的活力中,有些东西——尽管那么微弱——让人想起了古典喜剧。可以想象,如若他把他那双敏锐明亮的眼睛转向私人和公共生活,给我们绘出一幅罗马政治家、政客和重大事件的画面,让它们活灵活现,就像雅典活在阿里斯托芬的笔下一样,这并非难事。但是,罗马的生活和雅典相去甚远。自由的舞台,或者其他任何的自由,都不为罗马人所拥有。地方执政官很好地强制确立的秩序,才是罗马人的观念。

与人类本性的事实相违背的理论注定没有前景。罗马的喜剧之为喜剧,必须是罗马人的,没有任何反证——无论语言学的、历史学的或者人类学的——能抹杀这个根本的事实。普劳图斯和泰伦斯的镜子反映出的不是充满异域风情的希腊的影子,而是他们自己的时代和他们自己的城市,是不折不扣的罗马共和国。

第二章
普劳图斯和泰伦斯笔下的古罗马

这是个黯淡的地方,
居民崇尚的顶多算是无趣的体面,
他们的思想如果说不上庸俗,也是全然平淡无奇。

所有地方所有喜剧的功能都如出一辙，罗马喜剧也不例外。它把我们从历史正剧的台前带到幕后。从普劳图斯的镜子中，好奇的人们将会看到，古罗马人，从开蒙时起就在我们意识中扎下根来的苦行者形象，当他走将出来寻欢作乐时会是何等模样。

"罗马共和国"，这个词会让我们想到什么？铁律，这是首要的；其次是俭朴，是饱经磨砺；是身着托加白袍，显出无比尊严；是列阵的军士，连最微末的细节也训练有素；是生活简朴的风尚，不是慷慨的英雄气度，但永远透着战场气息；是躬耕于田亩的辛辛纳图斯；是尽管取胜却因违抗军令而被父亲下令处死的儿子。这就是我们脑海中的早期罗马。罗马喜剧大大扩展和丰富了晨光乍现时期的画面。在普劳图斯那里，我们看到了盾牌的反面，长老们不是身披白袍，而是穿着罗马样式的罩袍和拖鞋；士兵们也同样军容不整，纪律废弛；尊严、钢铁意志、服从义务的严苛要求，所有古代罗马的种种德行，都被完全颠倒。

在《工匠》这部普劳图斯最风趣的戏剧中，一个年轻人受父差遣出门经商，中途买了个妙女子，打算把她带回家中，此时刚刚上岸。他一登台，他的奴隶就跑着跟过来，气喘吁吁，上气不接下气道："讨厌——可恶——糟糕——糟糕的消息——噢，这太糟了，太糟了。"

主人：（显然在反复恳求某事之后）①说吧。到底怎么回事？再不敢说出坏消息了？

奴隶：唉，别问我。太糟糕了。

主人：我的老天，你会好好吃顿鞭子的。

奴隶：如果我必须说，我就只好说了。你父亲——

主人：（吓坏了）父亲！什么？

奴隶：他看见那姑娘了。

主人：该死！他怎么看见的？

奴隶：用他的眼睛看的。

主人：但怎么看见的呢？你这个傻瓜。

奴隶：把眼睛睁开呗。

主人：你真该死。我危在旦夕，你还说俏皮话。

奴隶：唉，振作起来。还有更坏的消息。一见到她，这老流氓就开始抱着她调情。

主人：天哪！跟她调情？

奴隶：（轻蔑地哼着鼻子）难不成跟我？

---

① 在下面的译文以及其他所有译文中，都压缩了原来的拉丁文本。很少有剧本适合引用。要真正欣赏戏剧，演员的作用非常关键，这当然不言而喻。但在大多数情况下，对罗马喜剧而言，一字不差地按剧本表演往往不讨好。这些戏给演员留下很大的发挥余地，但对读者而言显得情节发展缓慢。如果按原作引用这个段落，在这里能容纳的引文限度内，读者会完全不知所云。所有译文都模仿了原著的韵律。

（两个年轻人离开，试图安全地弄走那姑娘，父亲与一个同龄朋友上台，那人是他邻居。）

父亲：（非常愉快）你说，你觉得我看起来年龄多大？

朋友：（冷静地审视他）垂垂老矣，一只脚都踏进坟墓了。

父亲：（顿时沮丧，很快恢复常态）啊，你老眼昏花了。我是个小男孩，老朋友——不超过八岁。

朋友：你疯啦？呵——年老昏聩如重返懵懂童年。是的，我很赞成。

父亲：是，是。（顽皮地）我刚发蒙读书，老家伙——我今天学了四个字母。

朋友：哦？哪四个字母？

父亲：L、O、V、E。

朋友：（毫不留情地审视他）你爱上那个白头发老太婆了？
（转向观众）如果你不知道堕入情网的人是啥样子，看看他就知道了。
这个老糊涂——衰弱无力、步履蹒跚。你得承认这是典型的情人形象。

（不过，看在老交情的分上，他同意到船上去，为他的朋友买下那姑娘。因为老婆不在家，他还答应把姑娘带到自己家里去，直到朋友能为她找个地方。在下一幕中，他将和那姑娘一起上场，她显得很不安。）

朋友：来吧，我的姑娘。别哭了，别让泪水泡坏你美丽的眼睛。

姑娘：（啜泣）行行好吧，请告诉我——

朋友：好啦，好啦。做个乖女孩，好日子还在后头呢。

姑娘：哦，哎呀，哎呀。可怜的我呀。

朋友：怎么啦？

姑娘：我来自调皮姑娘们寻欢作乐的地方。

朋友：也就是说那里没好人？

姑娘：没有，真的。我从不说瞎话。

朋友：（开始觉得隔壁的老傻瓜根本配不上她）啊！这姑娘是颗无瑕的珍珠。听她这么一说，她可比她的身价更有价值。好了，到这里来，我的美人。

让我快快跟你走进这房子。

姑娘：我会的，你这可爱的老家伙。

这样的片段举不胜举。在更轻松的调侃中，普劳图斯偏爱元老院的议员。士兵同样受偏爱。在《吹牛军人》的第一幕，军官和他的侍从阿托特拉古斯走上前台，几个勤杂兵抬上了一个巨大的盾牌。

军官：（趾高气扬地来回走动，阿托特拉古斯紧跟其后，模仿他）去把我闪亮的盾牌擦得比光芒四射的太阳更耀眼，在战斗中将那到处搜寻我的千军万马照得两眼昏花。我真同情这把可怜的利刃（抽出他的剑来），它如此渴望痛饮敌人的鲜血，却无所事事地悬挂在腰上。阿托特拉古斯！

阿托特拉古斯：（边朝传令兵眨着眼睛边蹦了出来）在！长官，就在我们无畏的勇士旁边。

啊，多伟大的英雄啊！

军官：（拼命回忆）他是谁来着——我救下的那人——

阿托特拉古斯：您一口气打得敌人落荒而逃那次？

军官：真的不值一提——实在算不得什么，对我来说。

阿托特拉古斯：确实如此，长官，是的，跟我知道的其他赫赫战功相比，（旁白）可惜不是你立下的。（扯着嗓门）在印度，那头大象——好家伙，长官，您居然赤手空拳将它的前腿打成肉酱。

军官：哦，那次啊？不过是随便拍了一下，仅此而已。

阿托特拉古斯：啊，长官，还有那天，您一次就杀了差不多五百敌军。

军官：呵，是的，只是步兵。

可怜的乞丐——那我就让他们活着。

阿托特拉古斯：啊，您实在是天下无敌！

所有女人都为您疯狂，简直是疯了。

昨天那两个姑娘——

军官：（很随意地）她们谈论什么？

阿托特拉古斯：当然是在谈论您了。一个说：难道他是阿喀琉斯？我说，他是阿喀琉斯的兄弟。啊，另一个说：难怪他看起来如此高贵。然后，她们俩不都请求我带你从她们房前经过，就像游行一样，好让她们一饱眼福嘛。

军官：（打呵欠）长得如此英俊，真是个麻烦事。

这就是冷静的历史卷册中的国邦之父、股肱重臣、恺撒军团的先驱，是把他们放在更轻松的视角，从所谓自家人的眼光看到的形象。室内剧——与我们今天所看到的戏剧大体相同——就直接起源于这些拉丁戏剧。家庭生活让人最为印象深刻的形式，即罗马家庭，是这种戏剧的主轴，角色轮番出场，而且自此再没离开过剧场。在这里,一个各地观众都觉得亲切的形象第一次出现在世界的舞台上,那就是母亲,这一形象穿越了所有世纪,一直到我们自己时代的白色康乃馨和母亲节。希腊从不知道母亲。希腊观念对于母亲是陌生的。而罗马人之于诸如此类的世相和我们很是相似,甚至更为入世。泰伦斯笔下一个优秀的年轻人,在旅途结束返回家中时发现,他新婚的妻子可能因为和她婆婆的争吵而回了娘家,他马上意识到他应该做什么:

既然她认为自己没必要服从我母亲的方式,
说她的自尊不允许她那么做,那我似乎就得做出抉择。
要么离开妻子,要么离开母亲。作为儿子的责任必须放在首位。

父亲:做得对,我的孩子。该把你母亲放在首位。她比什么都重要。

父亲的地位甚至更为重要。罗马人所谓的父权,父亲的权威,显然极为严重。父权不得违抗。在普劳图斯《驴的喜剧》中,父亲被儿子深爱的那个姑娘吸引,正坐在她的身旁,非常愉快。他的儿子坐在对面,神情悲伤:

父亲:好啦,我的儿子,你不介意,是吧,如果她坐在我身边?
儿子:(悲哀地)我是您的儿子。我知道自己的职责,父亲。我不会有一字怨言。
父亲:年轻人必须谦卑,儿子。

儿子：唉，是的。我知道。您想怎样就怎样吧。

父亲：（快乐地）那好，斟满美酒，尽情畅谈吧。我不在乎孝
　　　道，儿子。
　　　我只想要你的爱。

儿子：（更悲哀）作为儿子，我当然会既孝顺又爱戴您。

父亲：我相信你，如果你不再哭丧着脸。

儿子：父亲，我很伤心。
　　　不是因为我顺从您的意愿。您知道我对您百依百顺。
　　　但我真的爱她。其他姑娘我都不在意。

父亲：但我刚好想要这一个。好了，明天她就归你。
　　　我要求的并不多。

儿子：（悲不自胜）您知道我想首先让您满意。

但是一家之主的权威也有限制。普劳图斯的罗马是格拉古之母的罗马，所以不难理解，尽管依照法律条款和习俗，在罗马父亲享有大权，但也可能遇上同样果敢坚定的罗马妇女。事实上，好像是这些意志强硬的妇女催生了文学作品中最受欢迎的形象，那就是惧内的丈夫。他就是在这个时候第一次出现在舞台上。

他的遭遇给了普劳图斯很多快乐。在《工匠》中，妻子出行，出其不意地回家时，发现自己家里有一个非常可疑的年轻女人。她跑出来，大声诉说自己的冤屈：

妻子：唉，从没有比我更荒唐的女人，
　　　　将来也不会有。嫁一个那样的男人——
　　　　而我给他带来两千磅金子的丰厚嫁妆。

（丈夫上场，停下脚步警惕地看着她）

妻子：这样的耻辱。把那个尤物带到我家里来——

丈夫：哎呀，糟糕！
我要倒霉了，她看见她啦。

妻子：上天保佑我！

丈夫：（充满感情地）哦，不。我，我。我最好跟她说说——
亲爱的，
你回来了？这么快？嗯，我很高兴。

妻子：那姑娘是谁？

丈夫：（犹豫地）你见到她了？

妻子：是的，我见了。

丈夫：嗯，她是——哦，她是——哦，该死。

妻子：你说话吞吞吐吐。

丈夫：（愠怒地）你这样纠缠不休。

妻子：当然，就是我。
你没过错。（嗓音变了）我当场抓住你了。那姑娘——

丈夫：（旁白）唉，我简直没法应付这一切。

在这些场景中，当然，结尾总是男人落得百口莫辩，低头认错，而女人胜利。"难道我连晚饭都不能先吃完吗？"当女人想要把他从筵席上拽回家时，一个男人这样央求道。"我会让你尝尝你该尝的晚饭滋味"，这是她的回答，而他只得一言不发地跟着她。"我一直在告诉你，父亲，你最好不要和母亲玩什么花招。"看到奴隶送上晚饭时，儿子幸灾乐祸地说道。于是，在欢快的筵席和"母亲"在昏暗的门口一直责打"父亲"的两相对比中，戏剧落幕。或许维吉尔最让人熟悉的就是这个片段：他让罗马人牢记，是他们定下这个世界的规则。他们应该"宽恕卑微者，而用战争征服傲慢者"。看起来,在家里,这条崇高的告诫改了。

这些戏剧毫无疑问确证了,尽管罗马禁止妇女进入公共生活,但公平的是,她们在家庭生活中很快意地找到了发泄精力的渠道。在普劳图斯的《赌场》中,或许是普劳图斯最钟爱的代表性人物,丑角的真正的祖先,和他妻子的女性被保护人陷入爱河,于是打算让他的管家和她结婚,然后再转送给他自己。他的妻子计划回击,和她的侍女一道把男仆打扮成新娘,制订了出其不意的复仇行动。舞台上侍女最先出场。她从房中跑出来,哈哈大笑。

侍女:不管是哪里的游戏,甚至奥林匹斯山,
　　　都不如我们对这老家伙开的玩笑一半有趣。
　　　他里里外外忙得团团转。
　　　管家全身装扮一新,
　　　女主人也在她房间里,打扮——那个男仆!
　　　啊,瞧她装得多可爱——他们来了!

(老人上场。他隔着门跟妻子说话)

老人:新娘新郎会到外面的农场上,那里最安全。
　　　你好好在这里享受吧,我会在那里吃晚餐。不过请快
　　　点,送他们出来。直到明天,我亲爱的。

(装扮成新娘的男仆戴着面纱上场,女主人和侍女陪着他)

侍女:现在,请千万要温柔地对待这位天真的年轻姑娘。

管家:我一定会。

老人:进去。(关上门时有些紧张)我妻子——她还在这里吗?

管家:她走了。

老人:(兴奋地围着新娘跳舞)哈哈!啊,甜心,宝贝,春天
　　　的花朵——

(他们出发,过了一段时间,下一场开始,女主人和侍女正在等待她们让男仆做的事情的结果。)

侍女:(窃笑)现在我想看看那新郎和新娘,我会的。

女主人:我想看看老流氓那张被打开花的脸。

(她们退回,这时老人上场,头发凌乱,长外衣撕破,一副受到粗暴对待的模样)

老人:我不知道怎样再次面对我妻子。

但是有了——我必须进去赔偿她的损失。

(向观众)你们中间有人愿意代替我吗?

(停顿片刻,然后摇摇头)我简直无法忍受。

(当男仆上场时,老人做出要跑的样子)

男仆:站住,老家伙。

(羞怯地)如果你想摸摸我,现在机会来了。

女主人:(走出来,后跟侍女)日安,年轻的情人。

侍女:(加入)你的追求进行得如何?

男仆:(啜泣)他再也不爱我了。

老人:我不如死了算了——

整整一场,任何即兴戏剧剧团都可以演。演员和观众对里面的所有角色都再熟悉不过了。

不过,对于接受什么样的妇女,普劳图斯时代和近代的观众有着明显区别。受到蒙骗的丈夫角色,在欧洲戏剧中已风行数百年,在罗马喜剧中却从未出现。罗马妇女的活动似乎百无禁忌,但是她们不能让丈夫戴绿帽子。在这点上,清教徒的道德戒条也不可能更严苛。在其他方面性道德的全无约束,在很大程度上缓解了这个事实。妓女在几乎每部戏里都是重要角色,泰伦斯笔下那些最受尊敬的年轻人也和她们有染，他们的母亲有时竟也热情地为此辩护。他戏中有个无可指摘的青年，深爱上了这样一位女士，为了省钱，竟答应和一个自吹自擂的恶棍分享。类似的角色还有皮条客，或者对等的女性角色。在普劳图斯的《驴的喜剧》中，一个恋人正在一幢显然门窗紧闭的房子前满脸怒气，走来走去：

情人：被扔出门外！那就是我把钱花在她们身上
　　　得到的全部回报。你们会后悔的。
　　　我这就去找治安官——把你们的名字告诉他们。
　　　我会羞辱你们，还有你这个姑娘——
（鸨母从房子出来，上场，非常平静、愉快）
鸨母：继续威胁吧。这样的心境
　　　说明钱花光了。去吧，滚开。
　　　你越想离开，就会回来得越快。
情人：想想我给你的一切！如果现在我能
　　　让她完全归我，你还欠我一笔钱。
鸨母：（高兴地）哈，你可以一直拥有她——只要
　　　你按我的要价付钱——而且要比其他人给得多。
情人：稍微仁慈点吧，我会让你们维持更长时间。
鸨母：（冷酷地）你理解错了。情人就像条鱼，
　　　我们只关心——他是不是新鲜，否则毫无用处。
　　　美味、新鲜、多汁的鱼儿——啊，他们正合我们的胃口。
　　　他们不在乎花多少钱。他们渴望付出。
　　　为了讨姑娘的欢心，他们会屈服于我，这些奴仆。
　　　甚至讨好我的小狗。哎呀呀——（通情达理地）

女人必须好好照顾自己。

这样的片段，加上戏中逐渐渗透、贯穿全篇的家庭生活神圣不可侵犯的观念，强烈反映了整个共和国中道德的类型和深度。罗马人比我们的祖父辈们更为坦诚，但是关于什么能做、什么不能做，他们的基本观念完全一致。家规人人得严守。在外面，任由男人寻欢作乐。男人和女人严格固定的道德分野，在罗马达到了顶峰。作为自此开始若干世纪以来通行世界的标准，这个双重标准，直到最小的细节，都成形于罗马喜剧。在这方面，比起罗马男人，希腊男人要少点风趣幽默。对待妇女，古希腊男人的精明手段不会超出屋子的四墙，偶尔会借助门锁门闩，这些是最无效的保护措施——世界各地的说谎者就证明了这点。阿里斯托芬就有很多玩笑讲述了雅典妇女避开锁闩的方法和她们被骗的丈夫。共和国时期的罗马观众没见过一个这种类型。这些男人明白，他们没有受骗，他们做事的方式是罗马意志以及罗马智慧的胜利。罗马的伟大成就之一——这点几乎没人注意——就是成功地教育妇女持有这样的观念：女人的首务是保持贞洁。流传很广的鲁克丽丝被强暴后自杀——尽管事实上她完全无辜——的故事，以及流传更广的、因为父亲宁愿亲手杀死女儿也不愿让她做僭主情妇而被赞为英雄的故事，都雄辩地证实了妇女接受教育的彻底性。这样，因为她们严格律己，所以可以很安全地走出家门，享受此前有教养的妇女从未知晓的自由。但是，这个教育很是精巧，女人们从没产生"男人们的享乐也应节制"的观念。她们对于贞洁最为重要的信念，连同贞洁与男人无关的信念一起，证明了在面对实际问题时罗马思想如何得以自圆其说。

这整个问题和戏剧中表现出的罗马特质有直接关联。普劳图斯笔下的妇女——她们深刻影响了之后所有戏剧中的妇女形象——绝非从雅典原作承袭而来。在《安菲特律翁》中,阿尔克墨涅就是完全典型的罗马妇女,在舞台上,她的后裔排成了长队,难以计数。在她的——假扮的——丈夫因为战争而向她告别时,她的独白让人想起全世界杰出妇女们在剧情要求她们必须与丈夫分离时的独白。

> 阿尔克墨涅:不在我身边
> 　　　　　那就由他去,
> 　　　　　如果名誉和荣耀随着
> 　　　　　他凯旋归来。
> 　　　　　一忍再忍,
> 　　　　　让我的心坚强起来,
> 　　　　　在痛苦的照料下
> 　　　　　日子悲伤而漫长,
> 　　　　　假使我会听见他在战斗中获胜欢呼,
> 　　　　　所有这些我都能忍受,这一切甚至更多。
> 　　　　　这样的奖赏足以让我满意。
> 　　　　　他英勇的奖赏应该
> 　　　　　属于我。剩下的是什么?
> 　　　　　英勇最难得。

(当她结束独白时,她真正的丈夫安菲特律翁上场。情况很复杂,此前朱庇特一直扮成正在远方打仗的安菲特律翁的模样,得以接近他喜爱的阿尔克墨涅。刚刚离开阿尔克墨涅的其实就是朱庇特。在真的安菲特律翁意外回家后,朱庇特匆匆逃跑,告诉她说自己必须回到军营去。当安菲特律翁进来时,她自然以为他们俩不久前才分手。在这个微妙的环境中,阿尔克墨涅确实是个完美的罗马妻子,是所有时代、所有地方的完美妻子。)

安菲特律翁:(急切地进来,后面跟着他的奴隶)我快乐地问候我的妻子,我的心肝,我的希望,我最爱的宝贝,作为丈夫,我认为她是本城最好的妻子。你好吗?我回来你高兴吗?

阿尔克墨涅:啊,亲爱的。请别这样。我不喜欢这种玩笑。为什么假装我们很久没见面?

安菲特律翁:我们确实是这样!

阿尔克墨涅:(对他这句话不屑一顾)这么快就回来啦?是因为天气?有什么坏消息?到底是什么原因?你告诉我你必须返回营帐。

安菲特律翁:告诉你?什么时候?

阿尔克墨涅:为什么还在玩笑?什么时候?不久前——就在刚才。

安菲特律翁:(对奴隶)瞧,她在胡言乱语。

奴隶:她还没睡醒。

阿尔克墨涅:我?胡说什么呀?

安菲特律翁:来迎接我吧,亲爱的。

阿尔克墨涅:我昨天就迎接过你。

安菲特律翁:可我们昨晚才进港停泊!

阿尔克墨涅:胡说。你昨晚就在这里,尽跟我讲战争的事情。我们在这里就餐并同寝。

安菲特律翁:啊,我的天啦!

阿尔克墨涅:你什么意思?

安菲特律翁:她在这里与情人幽会。她堕落了——被引诱了

　　　　　——不再是我妻子。

阿尔克墨涅：先生，你根本不了解我和我的家族。仔细点。你会发现我们不是那种人。

安菲特律翁：你真够大胆的。

阿尔克墨涅：不，我是无辜的。我带给你的真正嫁妆不是金子而是纯洁、尊严、克己和对神的敬畏，我父母也是如此，热爱我的所有亲人，服从我的丈夫，以真正的忠诚侍奉他。

安菲特律翁：我的天，我头晕目眩，都不知道自己是谁了。夫人，我会调查这件事的。

阿尔克墨涅：哎呀，去调查吧，我求你了。

　　这样的对话我们太过熟悉，以致我们很难认识到，在公元前2世纪这些话是多么新奇。他们带着真正的罗马印记。希腊文学中没有这些东西。自觉的义举，充满尊严感的朗诵，精巧的手势——它们没有一个是希腊的。如果说罗马人全都感情充沛，那么希腊人则完全是就事论事，而这个差别就是为什么我们出于本能觉得罗马精神亲切而希腊则很陌生的重要原因，甚至可能是最主要的原因。适度夸张的豪言壮语对我们来说是必要的。

　　在这个段落，研究希腊文学的学者们觉得新奇的另外一点是妇女们的兴致勃勃和纯洁坚贞。这也始于罗马。确实，希腊悲剧表现出的妇女的伟大无与伦比。最伟大的形象是妇女形象，但是这个观念从未作为事实直接为人接受。我们未感到女子爱武装，而仍是男子多豪杰。安提戈涅和伊菲革涅亚如此这般，就像俄狄浦斯和俄瑞斯忒斯如此这般一样。性别在这两种情况下都一样少有突显。但在罗马文学中，就像在我们自己的文学中一样，女人总归是女人。她的性别从来不是隐没在画面背景之后。

女性高于任何男性理当占据的位置,数百年来我们已很熟悉的这个文学观念,也可追溯至罗马。当然,这个观念来自这一信条,即贞洁只是针对女性而言。

罗马的感情也让我们感到亲近,就像在希腊这种感情的缺失让我们感到疏远一样。在喜剧中还有对爱情的兴趣——在泰伦斯那里总是如此,在普劳图斯那里也经常出现———对不幸的爱人,在大幕落下前他们的麻烦总能得到最完美的解决。女孩总是美丽和贞操的典范,年轻男人疯狂地爱上了她。其他角色可能陷于不仁不义,而他们总是白璧无瑕;他们身上从没有笑料。罗马的观众两面都想得到:一面是贪婪的娼妓跟容易上当的马屁精和老朽,他们被人极尽嘲弄;另一面是善良的讨人喜欢的年轻人,他们让人为之掬一把同情之泪。

但是,远甚过父亲和女性这些主角的最为重要的角色,是奴隶。他们是所有忠诚而又机敏的奴仆的先祖,是忠心耿耿的典范,从不因他们主人的任何困难而惊慌失措,世界各地的文学已经让我们对他们耳熟能详,但在罗马他们所扮演的角色比以往任何时候都更为重要。如果没有奴隶,罗马家庭的图画就会缺少主色,没有他们,罗马喜剧就无从创作。他们是每部戏的主角,是唯一有头脑的人,总能在所有时候愚弄所有人。不过,尽管他们是开心果和常胜将军,他们也一直面临可怕际遇。泰伦斯笔下的一个人物,一位最可爱、最善良的女士,也把她的女仆交了出来,接受酷刑的考验,以证明自己的清白。奴隶一直受到刑罚的威胁,当然要归因于责罚者,而对其不厌其烦的描述,其理由当然是他们让观众十分开心。十字架——在罗马被称为"奴隶的刑罚"——奴隶主们时常挂在嘴边。有时,不过只有那么一两次,奴隶也会稍有提及。在普劳图斯的《吹牛军人》中，一个奴隶主正在痛斥一个无辜的奴隶。就在酷刑加身之前，这名奴隶转向观众：

> 别再继续威胁我了。我很清楚十字架是人生的终点，
> 是我的葬身之地。我所有的祖先都在那上面长眠，
> 我父亲，我祖父，还有我的曾祖父，以及我的高祖父。
> 你们以为光是嘴上说说我们就害怕了吗？

我们必须知道，尽管很难理解，听者确是被这席话逗得开怀大笑。毫无疑问，人性慈悲的潮汐在古代世界的任何地方从未高涨，而当罗马登上前台后，更是明显减退了；另一方面，奴隶实际遭受的痛苦很少在舞台上表现，结尾总是他们受到宽恕，获得奖赏。生命危在旦夕，肢体流血残损，当时的罗马人把从这些场景中获得的快感留给了斗兽场。在剧场，他们对此没有丝毫关心。

总体而言，这些戏剧给人留下这样的印象：它们是为体面正直、生活克制的民众写的，在家庭内部他们严守道德，甚至在家庭之外也不欲求堕落之物。以阿里斯托芬为标准，这些戏剧的伤风败俗还算适度。其中有真正的正义公平之风尚，并且总是善恶有报。只有一次，普劳图斯未能以这种理想作结，戏的末尾，两个老混蛋与两个最开始嘲笑其银发的姑娘蝇营狗苟、相得甚欢。幕布落下时他们正小人得志，但普劳图斯太了解公众，他做好了矫正的准备，在收尾处严厉呵斥此种为老不尊者。泰伦斯从来都不必为自己戏剧的结局道歉。他安排奖惩，从无差错。

这个世界，远非伊里亚的"情爱之地，勇士之乌托邦，在此地，享乐是种义务，生活极其自由"。这里没有幻想中的阳关道——不管是通往乌托邦或其他所在；勇敢在梦中也未曾有过；自由

同样遥不可及；享乐也只有肉体的快乐一种。这是个黯淡的地方，居民崇尚的顶多算是无趣的体面，他们的思想如果说不上庸俗，也是全然平淡无奇。那里没有丝毫卓然独立或者摄人心魄之处。当然，泰伦斯身上不时会有洞见的光芒一闪而过，譬如他那句著名的"我是人，人类事物与我竟都似曾相识"。这位年轻的戏剧家在智力上优于年长的那位，但即便如此，这洞察的光芒也是微乎其微。泰伦斯的世界也停留在庸常的界线之上。

米南德的作品有若干片段流传至今，这些片断表明，不管是他还是他的观众，都没有完全忘记伟大的希腊传统：

> 我认为最幸福之人
> 曾在倏尔来去的人生中，
> 快乐地凝视这些壮丽景象：
> 普照万物的太阳，群星，流水与云彩，
> 以及烈火。不管你长寿百岁还是
> 生命短暂，都能看见这一切。
> 你再看不到什么比它们更宏伟。

在普劳图斯或泰伦斯的作品中，没有一个段落能让人想起这类文字，也没有一个段落指向任何诗意的东西——不管在多么含糊宽泛的意义上。普劳图斯只有一个句子或许是例外；至少它有一个间歇，如此怪异地不同于他在其他地方表现出的自我：

> 诗人追求在整个世界都无从寻找之物，
> 而且居然——在某处——找到了它。

人们不禁在想，他自己是否偶尔会游离于这个真实的入世的世界，是观众又把他的戏剧迅速带回人间？

在罗马戏剧最开始流行的那个时代，那些挤满剧院的充满娱乐感的观众，很容易被任何感伤的趣味吸引，渴望看见恶人受到惩罚——但不要太严厉——好人从此过上幸福的生活。没有什么需要发挥才智的地方，不需要什么机巧或妙计；只要这种可以无需参与其中的捧逗，外加少许猥亵意味即可。罗马戏剧最明显的特征，是对平庸的热爱，对平常事务的完全满足。那些为这种戏剧喝彩的人们，他们不需要比他们的小我更大的主题。他们就是平民大众。

奇特的是，两千一百年前的观众看起来是那么熟悉。在观察普劳图斯和泰伦斯镜中的映像时，我们发现其中"没有陌异"之处。封闭的家庭生活和家里专横的女主人和拈花惹草的老家伙和光彩照人的年轻情侣——我们太了解这些角色了，以致对于在罗马共和国蜂拥而入观看戏剧的观众，我们全然不觉得陌生。

一部公元前 200 年的罗马喜剧，一部公元 1932 年的百老汇音乐剧——它们之间的鸿沟可以一跃而过。如果不是从时间角度看，这个鸿沟既不宽也不深。这个我们必须全力以赴才能跟上的快速变化着的世界，突然很奇怪地显得静止了。

第三章
普劳图斯和泰伦斯的喜剧精神

两个人完全不同。
很难想象其中一个会心情愉悦地观看另一个人的戏剧。
普劳图斯会被泰伦斯闷死,泰伦斯则会被普劳图斯惹恼。

前已指出，普劳图斯和泰伦斯是我们这个时代戏剧的奠基人。他们的影响无法估量。除阿里斯托芬外，所有喜剧均可归为两类，这两个主要分支就可追溯至这两位罗马剧作家。普劳图斯是一个派别的创始人，泰伦斯是另一个派别的创始人。问题还不在于此，重要的是，这生动说明了，文学作品的素材是多么不重要，而如何处理素材的方式是多么的重要。两个戏剧家面对的是同一种生活，也是同一群民众。一个人戏中的人物在另一个人的戏中再次出现，而且背景都是那个时代的家庭生活，但是与泰伦斯相比，普劳图斯的喜剧完全是不同的世界。两个人完全不同，以致很难想象其中一个会心情愉悦地观看另一个人的戏剧。普劳图斯会被泰伦斯闷死，泰伦斯则会被普劳图斯惹恼。完全相同的素材，截然不同的观点；结果是，两种类型完全不同的喜剧。

普劳图斯年长一辈。他生活在一个动荡期，此时的罗马比以往更加战乱频仍。他可能参加了第二次布匿战争以及随后的东线战事，但是也可能未参加战争，这均属推测。关于普劳图斯的确切消息是，他是翁布里亚贫苦农民的儿子，曾经在矿区工作，在那里写了三部戏，到公元前184年去世时已是垂垂老者。但是，读普劳图斯的作品，而不对他本人留下深刻印象是不可能的。这里出现的一幅画面，轮廓清晰，色彩明亮：一个快活的、漫不经心的流浪汉，一个拉丁的维永【中世纪法国诗人】，一个在鬼门关晃过几回的兵士，漫游了整个世界，和三教九流都打成一片，对每种人都知根知底；一个大大咧咧生性幽默的人，敏于发现人事的迂腐，且取笑嘲弄以为乐，同时，又最大限度和最为放纵地包容各种愚行。

泰伦斯则完全是另一种类型的人。他出生在罗马的非洲殖民地，是个奴隶，在罗马一个大家族中长大，在那里人们看到了他的天分，教育他并赦为自由人。这些天分也为他在一个很小的年轻人圈子里找到了位置，他们是知识精英，也是罗马贵族阶层的青年。圈子的领袖是年轻的西庇阿，而形容优雅的莱利乌斯——不是那个卑鄙的诗人——以及光彩照人的卢齐利乌斯，讽刺剧的发明者，也紧随左右；原先身为奴隶的泰伦斯，一旦获准进入这个圈子，竟不逊色于他们中的任何一个，这是让人震惊的成就。作为他们中的一员，泰伦斯的自豪和幸福不用想象也能理解。当嫉妒者造谣说是他伟大的朋友们代他创作时，泰伦斯自豪地回答道，他很骄傲能得到他们的帮助。

这是一个非常年轻的团体。据说泰伦斯去世时不满二十六岁，他们也大概都是这样的年纪。这些喜剧最清楚不过地说明了，他们创作戏剧，主要的观众是这一小群亲近的朋友，而不是芸芸众生。每部戏都以这个年轻人想象的罗马共和国的乌托邦城市为背景。毫无疑问，在他们的成长中，团体成员们要求培养很多古罗马的德行。那个时代的父亲和母亲，像普劳图斯已经展现的那样，并没有太多溺爱。非洲总督西庇阿，青年西庇阿的养祖父，在家庭圈子中肯定是一言九鼎之人；连西庇阿家的女人们也因为她们在家庭中的妇德而闻名。令人敬畏的科妮莉亚本人就是他的姑姑，西庇阿的表兄弟们是她的掌上明珠。难怪他和朋友们必须经过一条狭窄的道路，两侧站着充满警觉的卫道士。

但是，在泰伦斯的指引下，艺术作为解放者，给予他们自由。他把他们带入了一个美妙的世界，在那里父亲是他们认为应该的父亲形象，而年轻人也在这个世界中占据着他们应该占据的位置。普劳图斯笔下的父亲对儿子非常严厉——更加不可容忍的是——年轻人常常被嘲笑。可喜的是泰伦斯改变了这一切。许多时候他笔下的父亲们都是无比温柔和气。"我亲爱的儿子想要那个吹笛子的漂亮女孩？我亲爱的儿子——我马上给他买下来。""你叫他败家子？哦，所有年轻人都这样。我自己当年就是。我愿意把他的债给还了。"对这种事没有任何嘲弄。这是正直的年轻人应有的感受。事实上，只要关涉年轻人，就没有任何嘲弄。他们都极其严肃，举止尊贵，配得上最深的敬意。普劳图斯笔下的年轻恋人跪在地上，他爱的女士门扉锁闭，他的表白毫无疑问会让观众们捧腹：

> 听我说，你这个门闩啊门闩。我高兴地迎接你，我爱你。
> 我谦卑地恳求你，哀求你，在你面前跪下乞求你，
> 满足一个情人的渴望吧，最可爱、最美丽、最仁慈的门闩。
> 现在就像芭蕾舞女一样跳起来，从门柱上离开。
> 打开门，啊，打开门送她出来，把她送到我身边，
> 在我的生命力因徒劳的等待而干涸之前。

但是，谁会取笑泰伦斯的受人尊敬的年轻人呢，在表达爱意时

他如此让人敬仰：

> 我这样对待她？她因为我而受到冤枉，变得不幸。
> 她曾经把自己的爱与生活，她的一切，托付给我？
> 我再也不会这样。

　　他们总是这样。无论观众怎么看待，他们当然都不开心。不过，如果说普劳图斯想要极尽所能博得一笑，泰伦斯则有完全不同的目标。当表演得不到回应时，普劳图斯会直接向观众喊话，让后排的观众看笑话时不要那么迟钝，或者让前排的妇女不要再交头接耳，让他们的丈夫听得清楚，或者让一个演员去警告另一个演员：

> 现在轻柔些，说话轻柔些。
> 别搅了观众愉快的睡眠，
> ……我求你了。

　　他的目的是去娱乐。而泰伦斯的想法却是要求获得在他看来罗马历史上最挑剔也最文雅的人们的赞许，普劳图斯拿所有人开玩笑，包括神灵。泰伦斯几乎没有喜剧角色，仅有的一些也都限于社会底层。他如此自豪，因为自己属于那个严肃的年轻人的小圈子，人们会发现它很像是英国的公立学校。嘲弄绅士当然不"合乎礼仪"。幸运的是，在这种场合下，泰伦斯的幽默感可以很好地得到节制。对他来说，毫无疑问普劳图斯是一个可怕的粗人——普劳图斯，一个纯粹的喜剧家，也仅仅是喜剧家，如果他不再有趣，就什么都不是。泰伦斯是严肃的戏剧家，可以写出让人捧腹的场景；但他很少选择这么做。他感兴趣的是他那些优雅的朋友，首先是优雅的年轻朋友，以及他们作为世界上最有教养的人的举止。这不是说普劳图斯对有教养之人一无所知，没有人不关注良好的品位。他的类型是拉伯雷式的——只是没有那么浓烈——泰伦斯的优雅的朋友们和他在一起会不自在，当然也不会对他有多少好感。差异如此显著，也就难怪他们对于整个戏剧创作的意见不同了。如何保证戏剧的兴趣点，对于这个根本问题，他们各有各的解决之道，彼此完全不同。他们以不同的方式写作戏剧，结果就是：相互差别很大的两种喜剧形式。

在喜剧中，戏剧兴趣点只有两个来源。第一个是悬念和惊奇，这要靠情节，或者靠人物对人物或环境的回应。但第二个刚好相反：它靠消解悬念和使惊奇不再可能而推进演出。戏剧的兴趣点靠的是观众知道将要发生的一切。他们知道演员不知道的东西。在悲剧和喜剧中这种方法都有运用；它常常是庄严和戏谑的共同基础。希腊人纯熟地使用这点，把它叫做戏剧性反讽。在悲剧中没有比这再悲壮了。俄狄浦斯发下毒誓，诅咒谋杀他妻子第一任丈夫的人：

> 我命令你们所有人：别让这片土地上的任何居民
> 给他提供栖身之所。不许他踏进你们的家门，
> 受到玷污的家伙，带着晦气。
> 我庄严地祈求，愿那杀人者，
> 在邪恶中，邪恶地度过一生。

而我们知道，他是在诅咒他自己，他就是谋杀者；他杀死了他的父亲，他和他的母亲结婚。这就是悲剧式的反讽。它恰在希腊悲剧最中心的根基之中。观众们预先就知道戏剧的表演将如此这般。他们好像身处另外一个世界，在每件事情发生之时，就预知由此导

致的可怕结局，但同时也明白，事情必然如此，别无选择。舞台上发生的事情和遭遇的痛苦的不可避免，人们对于改变自己命运的无能为力，这就是希腊悲剧特有的力量所在，之所以有这些感受，最终正是靠的反讽，靠观众对真实发生的事情的先知先觉和演员们的毫无察觉。生命终结后的无边黑暗，我们对眼前事情的完全无知，我们正在给自己带来灭顶之灾而浑然不知的盲瞎的双眼，所有这些都强烈地直逼眼前，没有其他方法可能让感受如此强烈。

　　反讽在喜剧中的运用和在悲剧中一样。我们，观众，知道了有两个人看起来几乎一模一样，这还是个秘密。可怜愚蠢的演员们哪里知道是这样。他们无法逃脱他们备受嘲弄的命运，这是多么荒谬啊，而我们的全知全能又让我们处在多么心情愉悦、高高在上的位置。

　　我们没法回溯悬念方法的运用始于何时。第一个说故事的人就要设置情节，而环境对人物或者此人对彼人的影响，这个兴趣点至少跟荷马跟圣经一样久远。但反讽最早出现于希腊悲剧；而就我们的证据所及，喜剧式的反讽最早出现于罗马喜剧。在流传至今的米南德的残篇中，有两处明显运用了反讽，但没有一处是用作幽默。第一次发现如此运用，是在普劳图斯的作品中。如果确实是他创造了它，如果是他发现悲剧式反讽可以转用于喜剧，那么他在文学史中的位置应该比迄今为止给予他的高得多。反讽是他戏剧兴趣点的主要来源，他是运用反讽的大师。当然，随之而来的是，他在情节设置上乏善可陈。运用反讽时，悬念也就自动揭开了。普劳图斯的戏剧情节——如果有情节的话——极其单调，这是普劳图斯和泰伦斯让人失望的相似处。但是没有人比他更善于把反讽融入喜剧。他的常用手法是，在表演前用非常冗长并超级无聊的开场白加以解释，只是经过详细的解释之后，观众就不会再过多理会他们在这个位置已经能够完全看穿的荒谬之处。

在《安菲特律翁》中，你们应该还记得，朱庇特爱上了安菲特律翁的妻子阿尔克墨涅。当安菲特律翁出征打仗时，朱庇特变成他的模样，以接近阿尔克墨涅。朱庇特在房间里时，墨丘利在门口放风，扮成了安菲特律翁的奴隶索西亚的模样，离开他的主人，说出了开场白，解释了整部戏将要发生的一切细枝末节。朱庇特和安菲特律翁会一模一样，他提醒观众道，而他和索西亚也一样，但是为了让他们能分清到底谁是谁，朱庇特的帽子上会挂上闪闪发光的金饰，而我

> 将把这只小小的羽毛插在帽子上，
> 看仔细了：另外两个都没有装饰。

戏剧就这样开始了。场景是夜色下安菲特律翁家宅前的一条街道，墨丘利正在守卫。这时，和他一模一样的索西亚出现了，他受安菲特律翁差遣先行，好让他的妻子为他的突然返家做好准备。天色很暗，索西亚看不清墨丘利的长相。当他走上台阶时，墨丘利拦住了他。

墨丘利：能让我知道你来自何方、你是何人、为何到此吗？你
　　　　告诉我。
索西亚：嗯，我要进这房子，我是主人的奴隶。你明白了吗？
　　　　你告诉我。
墨丘利：这是你房子？
索西亚：……我没说过吗？
墨丘利：……那么拥有你的那个人是谁？

索西亚：安菲特律翁。指挥千军万马的将军。他有位夫人——名叫阿尔克墨涅。

墨丘利：你都告诉我些什么乱七八糟的？你的名字是什么？

索西亚：……我是索西亚，我父亲是达乌斯。

墨丘利：好了，你真是脸皮厚。你是索西亚？你？

索西亚：啊，你真要命！

墨丘利：……如果你再继续胡闹，就会发现世上还有比死可怕得多的事情。

……现在，告诉我你是谁。

索西亚：……我是索西亚，请你——

墨丘利：……他疯了。

索西亚：……我没有。哼，你这个坏蛋。

难道不是有艘船将我从战场上带到这里，就在今晚？难道我的主人

没有把我派到这里，我们自己的房子？而你说我不是——好吧，

我要直接去见我家女主人。

墨丘利：字字都是谎言——我才是安菲特律翁的奴隶。我们如风暴般攻城略地，

……杀死敌军国王——安菲特律翁砍下他的脑袋。

索西亚：（充满敬畏地）他全都知道。（停顿片刻，然后又说）你告诉我

如果你确实是我，战斗从什么时候开始的？那时你在何处、在做些什么？

墨丘利：营帐中有个装得满满的酒桶，我自己兜里有个酒瓶。

……你以为我会做什么？

索西亚：（不知所措）事实的确如此。我真是个可悲的人。

（摇摇头，然后突然举起灯笼，让灯光落到墨丘利身上）

……哎呀，哎呀。他长得跟我一模一样。

哦，永恒的诸神啊！我何时发生了变化？我死了吗？还是我失去了记忆？

他们把我独自留在了外邦？我要直接回去找我主人。

……（跑开，跟着安菲特律翁再次上场，他对奴隶报告的事情迷惑不已。）

安菲特律翁：（愤怒地）这小子喝醉了。你，大声点，告诉我实情，你从哪里弄到的这些谎言。

索西亚：可我没说谎。

安菲特律翁：（不安战胜了他的愤怒）你看到的那人是谁？

索西亚：……我告诉你十次了。我那时就在房子跟前，此刻就在这里。

……这就是完完全全的事实。

安菲特律翁：（试图让自己相信这全是胡说，但心神不宁）出去。从这里滚开，你这个疯子。

索西亚：……我根本不疯，恰恰和你一样正常。

安菲特律翁：啊，我会证明你是疯了。你非疯即坏。

索西亚：（泪汪汪地）我说的是实话。你不想听我说。

……在我到家之前，"我"就站在我家房子前面了。

安菲特律翁：……你在做梦。

……这就是你胡言乱语的原因。快醒醒吧。

索西亚：……不，不。当你给我下命令时我没有睡觉。

我那时清醒得很——现在也完全清醒。当他打我时我

> 也是清醒的,
>
> 他也完全清醒。我告诉你吧。
>
> 安菲特律翁:(粗暴地)……我肯定会调查这事。那就跟我来吧。

普劳图斯就是这样运用喜剧式反讽。莫里哀紧紧追随普劳图斯。在普劳图斯的《安菲特律翁》中,墨丘利和索西亚之间的对话基本就是拉丁戏剧的翻版,没有人敢说,这位喜剧大师对这个技法的运用在任何一点上比这位拉丁诗人更纯熟。

一代又一代剧作家从他那里汲取营养。莎士比亚的讽刺剧《错中错》和普劳图斯的《孪生兄弟》之间,不像莫里哀的和《安菲特律翁》那么接近,但是整部戏剧只是普劳图斯主题的变体。在莎士比亚和莫里哀改编的塞涅卡戏剧那里,需要靠反讽制造喜剧的场景很多,忽略了它们意味着他们的喜剧只剩下故事梗概。在《无事生非》中,风趣的基础就是,观众知道情节,而只有贝特丽丝和培尼狄克不知道。《吝啬鬼》中的著名场景之所以有趣,也是因为我们知道,吝啬鬼谈的是他的钱匣子,年轻人谈的是他的爱人,而每个人都以为对方想的和自己一样。在这里,莫里哀仍然是直接取法普劳图斯。无论后者是运用此种方法的第一人,还是师法希腊新喜剧,确定无疑的是,这种方法在我们自己舞台上的运用是直接从普劳图斯而来。

泰伦斯从不运用反讽。乍一看,这显得奇怪,但再一想,原因自现。情节足够复杂,以提供充分的悬念和惊奇,只有那些受过教育和全神贯注的观众才能欣赏,尤其是当节目单、摘要、梗概、场景说明等所有书面资料都必须省略时。普劳图斯的观众没有达到这个层次;泰伦斯的观众却达到了——这是他为之创作的真正的观众，是他的上流社会的小圈子。普劳图斯是要吸引节日期间吵吵嚷嚷的普罗大众的注意力，就像他在开场白中多次说到的，是要与叽叽喳喳的妇女和哭哭闹闹的孩子们抢风头。没有什么戏剧创作的方法比运用反讽的喜剧更不需要观众的注意。以反讽为主的喜剧，只要有一组风趣的场景，再拿家庭故事的红线串在一起即可。泰伦斯对反讽的拒绝，就像普劳图斯对这种方法的偏爱一样有充足理由。他的观众乐得为复杂的情节动点脑筋。他可以放下明显意在逗乐的地方，而追随自己对人物和环境的强烈爱好。惊奇的种子就在他的戏剧之中。他的戏剧情节决不单调。或许最好的作品当数《婆母》，其中的悬念一直到留到最后，很吊胃口。事实上，直到大幕落下，两个主人公彼此请求对方为解开谜团的方法保守秘密。"不要让它像喜剧一样，每个人都知道所有的一切。"其中一个人这样说道。

这是一个很好的故事，人物也刻画得很好。不过，戏剧公演时却失败了。第二次演出时的开场白，这样解释原因：

……一个走钢丝的人吸引了目瞪口呆的观众的注意力。

但是，另一个开场白——可能是另一出戏——中提到，因为角斗比赛要开场了，所以剧场乱成了一锅粥，演出无法再继续。显然，早年罗马戏剧家的道路并不平坦，但没有任何证据表明普劳图斯遇到过困难。或许他有不拿自己当回事的好本领，当碰上这样的场合妨碍演出时，他只管与民同乐就是。人们感觉到，即使演出中止，他也能津津有味地欣赏走钢丝者的表演。但是，那位比较年轻的剧作家，他还只是个大男孩，会强烈地感觉到对他感情的伤害，和对他天才的捉弄。他的每个开场白都有对他的批评者或公众的攻击。它们都是些严肃得可怕的作品，注定会让所有观众放松不得，而没法表现出不可抗拒的吸引力，但是对于他自己的内部的小圈子，对于那些冷静文雅的年轻人来说，和那些老掉牙的陈旧的取悦民众的戏剧比起来，它们无疑显得鹤立鸡群。

两个作家之间的显著区别再次证明了罗马戏剧具有的罗马特质。毫无疑问，普劳图斯和泰伦斯都得益于希腊原作，甚至可能受益良多，但更多养分来自他们自己。他们是罗马作家，而不是希腊作家的复制者，他们奉献给世人的剧作，今天仍然活跃在舞台，我们在多大程度上承继了罗马传统，这就是明证。

奥朗日古罗马剧场

第四章
西塞罗的罗马：共和国

罗马让他成为政治家，
让他投身于他的志业；
当时势让他远离政治时，他无可慰藉。

当泰伦斯正在创作他的戏剧时,一个非常著名的人来到了罗马。他不是自愿前来,而是作为人质羁留罗马,在那里待了十七年之久。在这么长的时间里,城邦成了他的家乡,而不是禁所。获释后,他又重返罗马,驻留多日。他就是波力庇阿斯,希腊历史学家;除了普劳图斯和泰伦斯,他的罗马史是我们能看到的在西塞罗之前时人所作的唯一记录。他是有着天纵之才的人,热爱真理,是真正的学问家,是人类事务的敏锐观察者,很少有人比他更有能力去评判衡量这个伟大城邦中的好坏善恶,他在那时就看出,罗马将称雄世界。他颂扬罗马。他对共和国和罗马人怀有深深的敬意。可以肯定,他的敏锐目光看到了征服迦太基后道纲衰颓的征兆;即使如此,他的历史仍然是这个他知根知底的城邦、是罗马的正直与爱国心、是罗马精通治人之术的伟大见证。

他不是谄媚者,要为自己讨得这个强权的欢心。当他著书立说时,他已是垂垂老者,而且远离罗马,住在希腊故地。他赞扬汉尼拔,尖锐批评罗马的屡次背信。如果统治腐败,他当然会知道,也当然会记录下来。但哪怕对这种状况的暗示,都未有提及。在他笔下,罗马人的生活方式简单而多忍,正直,坚定,忘我无私,一心为国。

但是,当我们又一次看到当时的人对城邦的描述时,巨大的变化发生了:统治腐败透顶,人民完全漠然。只是一百年——甚至更短——就把波力庇阿斯的伟大共和国变成了我们能描画出的最黑暗的景象。事实上,对萨卢斯特这个和波力庇阿斯一样追求精确的历史学家来说,变化是在之前一代人那里达到顶点。他这样记述道,有个外国王公,在1世纪之初来到罗马处理一桩事务,他富有而成功,当离开城市时,他说:"这个城市的一切都在待价而沽。"

这是另一个对罗马的真实记录呈现给我们的城邦。这是让人震惊的记录。就在伟大的共和国走向没落而帝国正在前面召唤的奇诡躁动的日子里,生活着世人所曾见过的最杰出的书信体作家、罗马最伟大的公民之一、演说家西塞罗。

他的数以百计的信件,连同他的朋友给他的信件,一起保存了下来。它们无所不包:吊唁信、求爱信、致歉信、文学批评、哲学探讨、街谈巷议、处理事务,以及超出其他所有信件总和百倍的讨论政治的信件。这个比例对罗马人来说合情合理。头等重要的事是政治,它远远超出其他所有一切。在共和国的所有岁月里,政治都是责任和荣誉的领地。一个好人,一个伟人——这两个词组都和一个爱国者同义。对罗马人来说,离开爱国,没有德善可言。所有正式公民,无论出身尊卑或财产多寡,都是在这样的传统下长大,这个传统就是,他们必定首先是政治人;他们将要从事的任何其他事务都被放在其次。如果生活在其他时代,我们这位书信作家或许与政治无涉。究其天性,他属于思考者,而不是行动者。他是学者,是嗜书之人,是批评家和有艺术品位的人,也是我们眼中最不会参与公共生活的那种类型。罗马让他成为政治家，让他投身于他的志业，当时势让他远离政治时，他无可慰藉。哲学、文艺能给被迫过起私人生活的罗马人多大安慰呢？在西塞罗看来，这让人羞惭和不齿。

就是这种观念，让一直危难环伺的共和国存续了数百年。最杰出的头脑，最强健的性格，总是完全奉献给国家。为国家服务既是首要的义务，也是最大的快乐。

政治和战争密不可分，这个事实有力地保证了勇敢者和自我牺牲的人来管理国家事务。不知哪一天，志得意满的政治家可能发现自己不得不离开拥趸，披上战袍，去和力量远超过自己的敌人对阵。罗马共和国的政治历练决不适合那些贪图享受者。这曾经是危险的追求。可能的情况是，民众选举出的宠儿或许会在战场上付出代价。

如果说个人的非凡勇气不是政治家才能的根本部分，这对罗马人来说是不可想象的。各级官员、族系领袖、大大小小的"头儿"，必须面对甚至无时不在的为国捐躯的可能。以前担任官职的人们的前景并不更美好。顾问团长老们，这么称呼他们，因为他们曾经做过执政官，是罗马的前首脑，也曾经最经常地担任罗马在世界各处发动的战争的指挥官。西塞罗，这个出类拔萃的和平人士，极端敏感又非常腼腆的人，舒适和奢华的热爱者，在当时挑剔的文化中是个典型的文人，却只得把自己放到军队领袖的位置上，在某些时候要长达数月成为领兵打仗的将军。他曾经当选国家首脑，而这就是代价。但是，在从战场发回的众多信件中，西塞罗没有只言片语的抱怨，没有抱怨命运把他带离他热爱的城市、他的书籍、他舒适的乡村居所，还有他快活的生活，而带到遥远的西西里，去饱尝野战的种种艰辛。他只是在做当他成为执政官候选人时就期待去做的事情。

只有战争时期一国军队特有的烙印也打在罗马政治家身上，这是极端危险和濒临死亡才能留下的烙印。

不过，当西塞罗严格遵照罗马伟大传统，开始他的西西里远征时，共和国已经日薄西山。这是公元前51年。在此九年前，三个巨头凑到一起，他们同意合力一处，把国家统治据为己有。但这完全是非正式的，如果不愿合作，可以置之不理。元老院履职如常；顾问团召开会议；古老的让人尊敬的政治程序被严格遵守。恺撒、庞培和克拉苏执掌着权柄，这个好像不是什么大事，只要他们躲在幕后；他们也正是如此行事。人们习惯了他们的观念；当四年以后，他们的强势联盟完成，他们开始公开行动，尊贵且骄傲的爱国者们也恍然发现，有很好的理由默认他们对城邦的统治。实际上，最可能的情况是，如果没有他们，那就没人统治城邦了。对元老院这个许多世代以来罗马伟大的引路者来说，只剩下这个问题：它是否比腐败或者其他形式更糟？罗马的道德风尚出了问题。人们生活在安逸之中。如今，罗马的敌人都在意大利境外，都很遥远，为山海阻隔，尽管平民指挥官是军队统领，但在其他方面，战争已经职业化。财富从被征服国家涌入城邦；许多人可以轻松挣钱，所有人对此朝思暮想。让三位能人承担起照管罗马庞大利益的责任，会给其他人省去很多辛劳。古老共和国从它的市民身上课税太多，只把贫乏留给他们。现在人们想要廉价出售政治；他们想要从他们看到的周围财富中分得一杯羹。

很少有比那个时候的政治能更好地实现这个目的。罗马确确实实成了一切都待价而沽的城市。西塞罗的信件让我们清楚地看到了很难在任何其他时代看到的政治情势的本相。这里那里到处都是贿赂，他一次又一次地写道，没有一个长官例外，甚至包括最高长官。政治成了赚钱的行当；表决可以买卖，判决也是如此。谁都知道走什么门路可以飞黄腾达，或逍遥法外，但没人关心这样是否道德。西塞罗写道，一天，元老院宣读了一个执政官候选人和两个执政官订立的协议，他如果当选，就将付给他们每个人一大笔钱，但未能在他们的任期结束后弄到他们需要的公职。这个协议不仅要求当事人发假誓，而且要求两位以前的执政官也这么做。西塞罗继续写道："这种协议经常有人起草，上面有允诺的金钱数目，再加上钱庄的汇款等等。这确实显露了执政官们可怕的一面，但对阿匹乌斯·克劳狄乌斯【其中之一】来说，这可不算什么——他不会因此损失任何东西。"

西塞罗之所以有此评论，是因为在所有罗马人眼中，克劳狄乌斯家的人在名声方面已经败坏到极点。克劳狄家族曾是令罗马骄傲的公民，亚壁古道就是他们一位祖先的成就，罗马的第一个饮水系统和壮观的高架水渠也是。他们曾经是些伟大的人物，再没有谁比他们的家宅更有贵族气。然而，祖先的荣光在此时族人的身上已荡然无存。阿匹乌斯、他的兄弟普布利乌斯以及他们的三个姐妹，尽管才智过人，容貌俊美，却因为他们无所顾忌的行事、奢侈、放荡以及败坏而成为整座城邦的谈资。罗马人对他们的事情已经不再窃窃私语，而是相信确有其事，没有比这更糟糕的了。那时候以及未来很长时间里，一起闹得满城风雨的案件的焦点就是普布利乌斯，恺撒年轻的妻子庞培娅则是共犯同谋。

西塞罗讲的这个故事是腐败政治的一出讽刺剧。它从善德女神节开始——这是非常重要的典礼，只有妇女可以参加；任何雄性都不得进入举行庆典的屋舍，男主人必须另找住处；尤维纳利斯说连雄性老鼠也不敢留在那里。恺撒当时是大祭司，他的住宅被选来举行圣仪。这太对克劳狄乌斯——西塞罗经常写到这个名字——的胃口了。他和庞培娅的私情没有成功，普鲁塔克认为，这是因为她婆婆，"一个极其审慎的女人"的严格监督；而最警惕的保姆也会有放松监视的时候，这个时候就是现在。克劳狄乌斯那张如同少年般没有胡须的脸蛋很适合女装，他与庞培娅约定，他假扮成歌女，庞培娅的侍女在门口迎接他。无疑，这次铤而走险的冒险和他的激情一样强烈刺激着他。当他进门的时候，侍女就在那里，她一边吩咐他等候，一边去找她的女主人。但过了很久她都没回来，而克劳狄乌斯——自然从未有耐心等待任何事情——开始自己去寻找情人。但事情出了差错。也许庞培娅失去了勇气，更有可能是她谨小慎微的婆婆起了疑心，因为，当他穿过房子时，庞培娅婆婆的侍女向他跑来，欢快地大叫说他必须去跟她玩耍，普鲁塔克说，这是那个节日的习俗——要是知道她们玩些什么肯定很妙——克劳狄乌斯有些退缩，侍女问他是怎么回事。克劳狄乌斯产生了和她搭腔的愚蠢念头——除了傲慢、鲁莽的克劳狄乌斯，这在其他任何人那里都显得不可思议；他的声音暴露了他的身份。侍女尖叫起来："有男人——有男人！"这简直是火上浇油。场面一片混乱，"圣物"被盖起来，圣仪被宣布无效，屋舍受到搜索，但毫无结果。克劳狄乌斯已经被庞培娅的侍女偷偷带了出去。但他还是被认了出来，很自然地，到第二天，城里到处有人幸灾乐祸地低声议论这桩可怕的丑闻。

女人们最不愿意放过此事。她们找到一位保民官，控告这位冒犯者亵渎神圣的习俗，并且，在这个显然得到证实的控告之外，还说服许多丈夫提出另一项足以让每个罗马妇女花容失色并奔走相告的指控：克劳狄乌斯与他的一个姐姐乱伦，噢，是与三个姐妹乱伦，这显然无法得到证实。克劳狄乌斯满足地宣称，善德女神节期间他不在城里，并且有证人作证。恺撒竭力粉饰此事：发誓说他对此一个字都不相信；克劳狄乌斯根本没进那所房舍；全是女人们的瞎话。不错，他确实和庞培娅离婚了，但那时他准备好了一个所有男人都会在心里认同的理由，这就是有关恺撒妻子的那句著名格言。

我们有充分的理由相信，克劳狄乌斯正自得其乐。他肯定会遭亵渎罪指控，但他知道怎样脱身。西塞罗也卷入此事。他的职责是证明克劳狄乌斯当时就在城里，因为就在节日那天傍晚，他还受邀拜访克劳狄乌斯。有谣言说西塞罗极不愿卷进来，原因就是那位可爱的克劳狄亚，她三个姐妹中最漂亮也最声名狼藉的那位。显然西塞罗经常在书信里说到她，他给她起的绰号"我们那位牛眼睛的女神"——在其他地方他也提到过她明亮的大眼睛——暗示着某种亲密关系。不管怎样，西塞罗的妻子，一位以普劳图斯的罗马主妇标准为行为准则的贵妇人，给西塞罗下了最后通牒，于是他只得作为这次诉讼的主要证人站出来。他激起的敌意此后便毫不留情地跟随了他整整一生，甚至延续到他死后。聪明人都知道该避免触怒克劳狄家的人，西塞罗身上有几种判然对立的性格共存，其中包括曲意逢迎的政客性格，因此他对这个事实一目了然——但泰伦提娅督促着他，普鲁塔克说她是位厉害的女士。

西塞罗在一封信里完整地记录了整个过程："如果你想了解审判的事情，我得说结果令人难以置信。法庭在一阵骚动中提出对陪审员资格的反对，因为原告就像一位正直的审查官一样抵制恶棍，而被告则像一位好心的角斗士教练一样取消所有德高望重者的资格。当陪审团最终就座时，他们甚至比赌场大厅里聚集的赌徒更声名狼藉。但这些高贵的候补陪审员仍然宣布，没有卫兵的保护【在前一封信中，西塞罗说克劳狄乌斯有几群流氓恶棍供他差遣】他们将不会出庭。没人认为克劳狄乌斯会为自己的案子辩护。"

"'请你们告诉我啊,诸位缪斯女神,烈火最初是怎样降临的?'呵,秃头【西塞罗对罗马首富克拉苏的称呼】仅仅由一个奴隶帮助,就在几天内安排好了所有事情。他派人去请每个陪审员,许下诺言,给他们保证金,当场兑付现金。有几位陪审员甚至与某些女士度过了一段美好时光——是在夜里;还有一些被介绍给好人家的年轻小伙子。即便如此,也仍然有二十五位陪审员足够勇敢,宁愿冒着生命危险出庭,但有三十一位则更看重肚子。曾与其中一位陪审员见面的卡图卢斯后来评论说:'你为什么要求卫兵保护?难道害怕有人偷你荷包?'这就是那次审判的简要情况,也是他们宣判被告无罪的原因。但我是那个恢复了一点点爱国之情的人。我不久后在元老院讲话,在一阵愉快的灵感启发下,以这样的段落作为演讲的开场白:你错了,克劳狄乌斯。陪审团维护你是因为害怕恐吓而非秉公办事。振作起来,元老们。我们只不过是发现存在一桩没有注意到的罪恶。对一个恶棍的审判暴露了许多和他一样有罪的人。但是,瞧瞧,我差不多把整个演讲原封不动地复述给你们了。那个英俊后生站起来,然后谴责我把时间花在巴亚那地方【就像我们说到夜总会或蒙特卡罗一样】。这是谎言,它能有什么用呢?'你买了一所房子。'他说。'你似乎以为这跟收买一位陪审员是一回事。'我回答道。'他们对你的誓言未予采信。'他反驳道。对此我回答说:'有二十五位陪审员采信了我的誓言。另外三十一位不是信任你,而只是关心首先把自己的钱弄到手。'元老院爆发出热烈的掌声,他蔫了。"

事情是这样,但随后什么都没发生。好心的公民会鼓掌,但是,在需要他们付出个人努力时——更别提任何不便或潜在的危险了——那就是另外一回事了。就在西塞罗表露自己这番爱国热情后不久,克劳狄乌斯就通过选举升到了更高的职位。

看到这个记载的现代读者会认为：要是有人——更何况是那些冷静能干的罗马人——能相信，如此这般的事态可以发展下去，没人信任选举人或法庭，一个共和国却也能正常延续下来，这有点匪夷所思。但事实的确如此。即使西塞罗这样的人杰，也未必对此洞若观火，预见未来的灾难。的确，他一直在说，这桩或那桩欺诈给城邦带来了灭顶之灾，但他自己从未信以为真。法律是一纸空文；法庭尊严扫地；武装的帮派在广场上剑拔弩张；选举已成闹剧；钱包最大的人物总能当选——但是没人关心这一切。他们为什么要关心呢？大城市的生活还是如此舒适惬意，至少到目前为止比以往好很多。他们根本想不到政府或其他任何事态会发生剧变。生意不错；各个行省都能大发横财；在家乡，不用太辛苦，就可以维持满意的地位和生活。共和国中每个人都有投票权，市民有很容易赚钱的门路；即使大规模的失业发生，也不会招致危局。人们心满意足。不仅食品价格低廉，而且罗马人能免费进入剧场，观看那种相当于大型联赛的角斗比赛。法庭也好，三巨头联盟也罢，让他们爱怎样就怎样吧；除了快乐轻松的生活，没有什么真正重要，而一般人只要愿意，就可以过上这样的生活。在他的治国安邦之志暂时低落时，西塞罗在给他兄弟的信中说道："不可能找到比今天更腐化的人们和时代。所以，既然从政治中得不到丝毫快乐，我看不出为什么还要作茧自缚。我要在文学、在我最喜欢的研究学问、在我乡居的闲适，以及最重要的，在我的孩子们那里，找到快乐。"

就在写完这封信的第十个年头，罗马共和国灭亡；安东尼和奥古斯都把罗马世界分裂成两半；西塞罗身首异处，倒伏海边。在一封信中，他曾经写道，事态糟糕时想知道怎么悬崖勒马容易，事态良好时想知道适可而止很难，因此，"治理共和国是难于掌握的艺术"。

第五章
西塞罗其人

他用希腊思想拖动沉重的罗马马车,
把罗马庞大而无规制的民众引入了文明之道,
捕捉住了原本会在他们头顶之上一掠而过的光芒。

对大多数著名人物，我们只知道其光鲜的外表。没有钥匙能让我们得其门而入。西塞罗属于极少数把钥匙留给后世的人。

我们都很熟悉对西塞罗行迹的大概描述：他是古代两个最伟大的演说家之一，与此相比，其他相关的方面都可以忽略。这是对西塞罗的传统认识，从某个角度看也非常正确。今天，在两千年之后，他的演说仍然保持着生命力；他那个时代的波澜起伏仍然能够激起感情。而他所写的其他东西都没有这么独立生存的力量。他的专论、政论、哲学、修辞学都随着所有装点图书馆的书籍一起随风而逝，少人问津。不过，尽管如此，它们还是赢得了世人的尊重和景仰：很少有作品拥有如此众多和忠实的读者。现在的人们通览其中最为著名的篇什，譬如《论老年》《论友谊》，总有"理所当然"的念头，会感到不耐烦，但是这些真理曾经很是怪异新奇，正是西塞罗让它们成为常识。很多世纪以来，他是联结希腊品位和人类整体的纽带。他有这样的力量，他记述下它们，并使之播行世界。他用希腊思想拖动沉重的罗马马车，把罗马庞大而无规制的民众引入了文明之道，捕捉住了原本会在他们头顶之上一掠而过的光芒。

这个成就无需多言；它举世公认。另外，重复真理，与其说会给人启迪，不如说相当无聊。不过，稍及数语或许应被应允。有些东西不容忘记，这归功于西塞罗设定的标准，归功于他给这个顽冥不化的世界带来的影响。绅士、英国绅士——对许多代人来说，他们显得意味深长——的种子就是在幼童开蒙期大量灌输西塞罗时种下的，当然，也是西塞罗滋养着他们成长。我们的演说家学富五车——当然这不是说他总得知行合一。他的演说不是温文节制的典范，在那儿他不得不遵循法庭的惯例。但是在私人信件中，在祖露赤子之心处，他总是表现出完美的教养。

在讨价还价中如果有一方吃亏，那肯定就是他；在一篇文章中，西塞罗壁立千仞，立下了绅士的这条基本准则。出手大方，他认为也是法则的一部分；他坚决反对节俭，认为它可能是吝啬的遮羞布。在政治事务中，绅士们立场不同，彼此之间也不会有激烈的争论，无论问题多么尖锐；他们首先而且总是教养良好的人士，其次才是政治家和敌对者。而且，即使在盛怒之下，绅士（请注意：不是律师）也绝对不会允许自己提及对手的私人生活。在他心目中，这些行为处在至高位置。在第二篇《反腓力辞》中，西塞罗对马克·安东尼的严厉指控，就是安东尼对绅士准则的一次违背："他公开引述据他说是我曾给他写的一封信！因为后来的冲突，而公开还是朋友时写过的信，他要是还懂得一点有尊严者的行事之道，怎么会有如此举动？"像这样的话，就像种子落在沃土之中，已经成为英国教育的一部分。

教育民众的效能如此之高，以致连导师都不再需要，因为这些训诫已经永久地渗入人们最基本的信念中：做到这点是非常巨大的功绩。但这是第二位的功绩。最伟大的作家们不会在其思想进入普罗大众的观念之后就不再伟大。我们不会让他们流逝、干涸，而后消失，或者可能重新出现，却无法恢复如初。他们属于这样的城市，这些城市的建筑：

> 在音乐中修建，因此从未被建造，
> 也因此永远在建造中。

柏拉图的书汗牛充栋。但是在柏拉图关于诗人的寓言中，西塞罗是不准进入庙宇的人，"没有激越之情，他的灵魂中也没有一丝疯狂"。他伟大的演说辞，似火燃烧。当他为人类或者共和国——在给朋友的信中他写道，对他来说，共和国是世间最可宝贵之物——的不幸辩护时，他充满激情，也充满把激情化入伟大词句之中的力量。但是在严格的客观领域，这种激情平复隐匿了。

他不是典型的罗马人，但是他接受了两千年来世人曾经和将要看到的最为务实有序的城邦给予所有罗马人的训练；沉思所需的凝神静虑不仅非他所有，他也压根不作此想。他想做些什么，而且如果事关芸芸众生，那就更好了。遗世独立，无所事事，他会无聊烦闷。"我四处奔波，连写下这几行字我都几乎没有时间，就是现在还有重要的事情等着我。"表面的抱怨掩盖不了内心的满足。在所有从罗马发出的信件中，这种大忙人的语气处处可见；而在乡村，在他最怡然自得的庄园，情况没什么两样："写作是不可能了。我的家宅成了公共议事厅，挤满了乡民。当然，十点以后这帮子人就不会再吵吵嚷嚷了，但是阿瑞斯就住在隔壁，唔，说实话吧，和我住在一起，而塞波苏斯住在另一边。"另一封信："就在我写这几个字的时候，塞波苏斯进来了；我还没来得及落款，阿瑞斯就说早上好。在乡下就是这样。"可以想见，当烦扰离他远去，偷得几分空闲时，结果他并没有变得更加快活，而信件更是多了几分清淡。"没有什么比离群索居更快乐。一切都比你想象的更有魅力，堤岸，海景，山丘，一切的一切。但是它们不值得写上一封长信——我没有什么别的要说了——我很困了——。"要让西塞罗睡意全无，必须有比自然和沉思更让他兴奋的东西。他想要推动这个伟大的世界；他需要政治生活，需要成为政治生活的主角。

他实现了他的抱负：在镇压卡提林叛乱时期，他是罗马最重要的人；有近二十年时间，征战在几乎所有政治斗争的前沿；一个在广场上慷慨陈词、充满激情地抨击不义、激励软弱的元老院与城邦同命运共存亡的大人物；一个忠诚的共和主义者；一个古代罗马爱国者的楷模。

这是为世人熟知的表面，庄严而伟岸——如果不是那些信件，我们就只能看见这一面，就像我们看见的各处历史中的英雄们一样。而在这么多——超过八百封——的信件中，竟有一半多是写给一个人的，他们保持着最亲密的关系。他对阿提喀无所隐瞒；和他在一起，他没有任何伪饰；他披肝沥胆，且心安理得。在给其他朋友的信中，他记得同时也会让他们记得，他是罗马的一个领袖，就像曾经的罗马领袖一样，为着最崇高的目的而行动。对他们，他信誓旦旦，"惟有荣誉之事才真正值得追求"，"真正的价值必胜"，"没有什么比正当更为珍贵"，但他给阿提喀写信从来不用这种口气。跟阿提喀在一起，西塞罗随心所欲。给其他任何人写信都是彬彬有礼、严肃讨论，给阿提喀的信他可以纵横捭阖，极尽嬉笑怒骂之能事。

阿提喀给西塞罗的信没有一封留存下来，今天所知的所谓阿提喀的生平，除了一首长篇颂词外别无其他。不过，确切可知的是，他经历了那个时代所有的政治动荡，而他保有的巨大财富分毫未损,而且活到老年——那时这是靠世俗智慧安身立本的有力证据,西塞罗信件的光芒更是凸现他的智慧;他是一个头脑冷静的商人,以得与失为准则,同时让和他在一起的人心安理得地卸下所有面具,卸下拿其他准则说事的伪装。"和谁,包括我自己,都没有和你谈话时更无拘无束。"西塞罗这样写道。因为这把钥匙,西塞罗敞开心扉,把心事向探秘者打开。

西塞罗告诉阿提喀,一位女士打算赠送遗产给自己的女婿;他和另外两个人各分得其三分之一的财产,但条件是他要改掉自己的名字。"这是好事,"西塞罗讥诮地评论道,"要是一个贵族服从一位女士的意志改掉他的名字是件正当事——但是如果我们知道三分之一的三分之一是多少,就会更合理地做决断。"

他推心置腹,写下了人人知晓却没谁道破的话:"当我给您写信,赞扬您的某个朋友时,我的确是希望您能让他们知道这点。我曾经在一封信中提到法罗对我的善意,您告诉我您很高兴听到这话。但是,我非常愿意你写信跟他说他在做我希望的事情——并非因为他已经做到这一点,而是为了让他去这么做。"

他的文辞——他对别人形容为"我的天分的瓜熟蒂落,我的辛劳的最终收获"——到了阿提喀那里,成了可以轻松取笑的东西:"瞧瞧我常常用来装点演说的华丽辞藻——关于火与剑的段落。您知道我调色板上的颜料。啊!众神,我多喜欢炫耀!您知道我的嗓门有多大。这次声音就震天响,我希望您在那里就能听到。"

西塞罗痛恨恺撒,并且一再指出他是这个国家所有善德的破坏者。当必须与恺撒达成妥协时,在给其他人的信中,他可以找到巧妙的托词掩盖动机:"要说这位集全权于一身的人——我一直认为,自由言说是我的责任,自由通过我而存续;而今,既然自由已亡,我也不再认为有权说出只言片语逆其所愿。在那些真正抓住德行真义的哲人们看来,智者以避免错误为最高准则。"但是,给阿提喀信里的说辞完全不同:"给恺撒写信,除了投其所好我还能站在什么立场?除了对他叩首求饶,我写信还能有什么其他目的?您是否认为,如果我如实告知我之所想,我会张口结舌?但是保守派们会怎么说呢?(这是另一封信的内容。)说我接受贿赂而改变了观点?而且,六百年后历史会怎么评价我?比起眼前的闲言碎语,这才是我非常害怕的事。可能您会说:'把尊严搁在一边。那种东西已经过时。考虑你自己的安全。'啊,您为什么不在跟前!或许是对高尚理想的热情把我蒙蔽了。"

论及道德义务领域——他就此写过著名的文章,不言而喻,西塞罗很清楚,阿提喀深知政治家利用选民的手段必须根据其他一些准则来评判,他也因此并不费力去精心伪饰。他的女婿,多拉贝拉,成为政坛重要人物之后,西塞罗给他写了封长信,谆谆教诲道:"尽管你赢得的荣耀给我带来了巨大欢乐,我要承认,我的更多快乐来自于,在一般公众心目中,我的名字是和你相连的。卢修斯·恺撒曾对我说:'我亲爱的西塞罗,我为您对多拉贝拉的影响向您道贺。他是继您之后第一位名副其实的执政官。'既然如此,你为什么还要费劲在你面前树立典范呢?没有人比你自己更优秀。"西塞罗给阿提喀寄了这封信的复件,并且评论说:"多拉贝拉是个多么不知羞耻的家伙啊。他已经丢掉了您对他的善意,因为同样的原因,他也已成为我痛恨的敌人。"

马克·安东尼写信请求帮助,西塞罗作了机巧的回复:"您的友好的信件让我感到我得到了帮助,而不是要给予帮助。当然我答应您的要求,我亲爱的安东尼。我本希望您是在私下提出。这样您将会看到我对您的善意。"阿提喀得到了两封信的复件,且有评论曰:"安东尼的要求如此没有原则、没有尊严、充满恶意,人们甚至希望恺撒回归。"

偶然,不过很少,他把他的阿提喀风格和他的庄重风格混在一处:"我有两艘船沉没。人们说这是场灾难,但我却不为所动。噢苏格拉底,我怎么感谢您都觉得不够。呵神灵,所有这些,我是多么不屑一顾。而我已经有了重建计划,它会把我的损失变成收获。"人们可以看到,阿提喀先是因为消息沮丧,接着因为苏格拉底有点火气,最后因为有所斩获的计划而宽心。西塞罗有办法运用阿提喀的财富,仿佛为己所有。

但是,总体而言,人们在合上这些卷册时会心生失落。这些密友之间的通信,这些在最有意思的历史时刻写成的、关于古代两个最有意思的国家之一的信件,几乎总是非常单调乏味。它们不是历史,它们是日常起居,时断时续,尽是鸡毛蒜皮,单调重复。它们往往不能被称为信,叫备忘录可能更好,匆匆草就,就像事务繁忙者的日志,私人关切充斥其中。世界各地的文明和野蛮竞相涌入的大都市,成了西塞罗自己的小舞台,这舞台被他自己的戏剧独占。其他的事情让他忙得团团转。今天有个政治事务需要马上决定,或者需要买栋房子,或者为图丽娅选个丈夫,或者为泰伦提娅搞点钱。阿提喀也会迅速回信,给出他的建议。十有八九的信都是这样写成。他本非凡夫俗子,信件却如此庸常,少有旁涉,原因在此。振拔之气,力量之感,过人之处,都留给了演说。他曾经从雅典(他在雅典卫城筑庐而居!),或者得洛斯"这个神奇的岛屿",或者从未知的东方世界充满异域风情的城市和遗世独立的村寨写信:就这些书信的内容而言,它们与他在帕拉廷山的家宅中所写的没什么两样。对周边的环境,他没有丝毫兴趣。他行色匆匆。信使们刚刚出发,他又马上继续。他是处理大事的人。

但是,在所有这些大量模糊凌乱的细节中,有时一个特别清晰的画面会赫然出现；在让人厌腻的琐细中，不时会出现一段评论、一个故事、一幅特写，它们会猛然让那个遥远的已然死去的城邦变得栩栩如生。

如果西塞罗不是这么卖命的一个政治家那该多好！政治生活掩盖了社会生活，甚至于，他可以写数十封信件非常详细地讨论很久以前就被遗忘的这个或者那个候选人获选机会的大小，或者某项早就无效而遭抛弃的政策的影响，而只有零零星星的一两句话——最多几个跑题的段落——提及那个西塞罗时代充满智慧的罗马社会所追求的生活方式。

豪奢之风随处可见。西塞罗接受阿提喀的建议，花费巨资购买"麦加大理石"雕像，并嘱咐他"把用潘泰列克大理石雕刻身体、用青铜制作头颅的赫耳墨斯像——你在信里提过——送过来，好装饰会馆和柱廊。我为它们心醉神迷。别再犹豫了。我的钱包鼓鼓"。拥有会馆和柱廊的房子是什么样，这可以从他一封有关其兄弟宅邸的信中看出："你的房子一切就绪——就剩浴室、散步场和鸟舍还在收拾。地面铺砌一新，屋廊显得庄严。柱子已经打磨，屋顶优雅的曲线会让它成为绝好的避暑之所。我会督促加紧粉刷。我把浴室里的炉子搬到了更衣室的角落，因为这样一放，蒸汽管就在卧室正下方。你的景观园艺师让我赞叹；他用象牙包裹一切——甚至那些希腊雕像也变得引人注目起来。这是最凉爽、最葱翠的静修之所。雕像、摔跤场、鱼池、水道——一切都很精致。真的，配得上恺撒——这个更挑剔的鉴赏家——的建筑。"西塞罗的兄弟在高卢，正和恺撒待在一起；可以想见，"当我写信赞美我的任何朋友，让他们了解我的赞美时"西塞罗知道，在这一点上，可以信赖他的兄弟。这封信以些许亲情作结："我喜欢你的儿子，但我同意了让他离开我，因为他母亲不在身边时，这孩子的食量让我惊讶。"

有时，我们会看到辽阔无边的奴隶世界的一角；所有的活儿都是奴隶们所为，所有的娱乐都由奴隶们提供。"给我两个书童，"西塞罗给阿提咯写信道，"来帮我粘贴书页，告诉他们带点羊皮纸来做扉页。我得说，你确实买了一群很棒的角斗士。我听说他们很出彩。如果你愿意出借，那两次表演的费用就抵消了。就此打住——不过，既然你爱我，就别忘了那些书童。"

至于那些表演本身，那些我们认为最富华彩的生命乐章，西塞罗只绘声绘色说过一次，这是常被称引的一段："比赛当然最为恢宏壮观，但它可能不对你的胃口。这是我根据自己的感觉推断的。为什么，为什么它们还不如更常见到的中等规模的比赛来得吸引人？看着《克吕泰涅斯特拉》剧中的六百匹骡子，或者《特洛伊木马》中的三千匹马，会有什么乐趣？每天捕杀两头野兽，连续五天——壮观，这是当然。但是，凶猛异常的野兽撕扯着羸弱的人类，或者精壮的野兽被长矛横穿而过，这些对文明人来说有什么乐趣可言？而且，就算这是个奇观，你也能很经常地看到，我可没看到什么新东西。大象最后一天登场——印象非常深刻，但民众在它们身上没找到什么乐子。事实上，甚至有种同情——体型庞大的动物跟人类有着某种亲近的感觉。"西塞罗可能更认可角斗士的竞技——如果从道德角度考虑的话。他说，人们说这种竞技残酷。它们可能是残酷，要是放在今天。但是，在对苦难和死亡的不屑一顾之中，观众们也自然而然受到了最为宝贵的训练。

在这些信的字里行间，这个伟大、奢侈、腐化、充斥罪恶的城邦禁绝奢侈、腐化和罪恶的倾向处处可见。在西塞罗很喜欢的年轻讽刺家凯利乌斯·茹福斯给他的一封信中，有这么诙谐的一段，他催西塞罗赶快回来看审查官的好戏："他正展现着绘画和雕塑方面的天才。看他搞审查，就像在看肥皂剧。赶紧回来吧，一起乐乐。

阿匹乌斯在为绘画和雕塑的事忙活着呢!"这当然很好笑。阿匹乌斯是克劳狄亚的兄弟,贿赂元老院的正是此公。

这些信里,只有非常温和同时为数很少的那个时代的脏话俚语。放在那个时代那个城邦,这些信的一本正经让人称奇。下流的词汇甚至连影子都没一个。说脏话的例子——它们总共不超过六处——是他给阿提喀说的一个故事,有位不幸的绅士在接受行李检查时,里面"发现了五位罗马妇人的微型胸雕——她们都已完婚,全是有夫之妇!一个是布鲁图斯的姐妹,还有一个是雷必达的妻子。他当然不会为之烦恼"。西塞罗对下流故事的叙述仅止于此,但是他的写作时期,却是在罗马充满着最卑鄙的恶行和最肮脏的言辞的时候。在以伤风败俗著称的年代,西塞罗泰然自若、直抒胸臆,总是优雅而得体。他可谓"出淤泥而不染"。在这种意义上,他的信或许就像格累斯顿给约翰·布赖特的信。"我喜欢含而不露的言辞,"一次他这样写道,"斯多葛派学者说,这样的言辞,没有什么欠缺或晦涩处。智者会把铁锹叫做铁锹。那么,我也要洁身自好,谨守柏拉图的自我克制。"他回到希腊人那里寻找典范;与此同时,人们从中瞥见了一种庄重的、严格的节制,数百年来它规限着罗马人的生活。

有关宴会的描写占了书信的很大部分。有一次,西塞罗发现自己和一群非常可疑的人共饮:"我旁边斜倚着叙赛梨斯【可敬的女人在席间端坐】。你会说,在这样的晚宴上,居然有西塞罗!我发誓,我从未想到她会在那里。不管怎样,即使在我年轻时,我也从不会受到那种魅惑,如今老了就更不会啦。不过,我确实喜欢能让我畅所欲言的宴会。"他在那里吃了什么,这无关紧要;不过,他可从未表示自己对食物漠不关心。"我确实喜欢高级食品和美味佳肴,"他写道,"不过,如果你劝阻我参加你善良的母亲举行的那种晚宴，我也不会拒绝。"人们应该在宴会上享用的食物的标准确实有些夸大其词："请注意我的大胆，"他告诉这同一位朋友说，"我请希尔提乌斯吃了顿没有孔雀的晚餐！"

　　西塞罗很少描写自己的私人生活。六十岁那年——他女儿也已历经三次婚姻——他和妻子离了婚，但他从未提及那次离婚，或者导致离婚的任何原因。他给泰伦提娅写了很多充满感情的书信。"我想起在所有人当中，像你这么高贵、忠诚、正直、宽厚的人，却因为我而陷入悲惨境地。对我而言，世上从没有人比你更亲，"他在流放时给她写信道，"图利乌斯将最深的爱献给妻子泰伦提娅和他最可爱的女儿图丽娅——他心里最爱的两个人。"这样的开头在他的很多书信中十分常见，然而，这种语气逐渐变得冷漠，最后一封与其说是信，不如说是一份书面的命令："我想我将于七日抵达我的图斯库兰别墅。留心把一切都准备好。我也许会带着另外几个人同往。如果浴室里没有浴盆，准备一个以及其他所有必需之品。再见。"泰伦提娅不是个恭顺的女士，不久后他们离婚了。几个月之后，他娶了他的一个年轻、富有的被监护人，同样没过几个星期就为自己的轻率后悔不迭。他告诉阿提咖："普布莉莉娅说她母亲打算来看我，如果我同意的话她也一起来。她急迫而谦卑地乞求我答应并给她回音。你瞧这真是讨厌。我回信说我比当初告诉她我想独处时的情况更糟，她千万别来。我想，如果我不回信，她就会来；现在我想她不会了。但我希望你猜猜我能在这里待多久而不会被发现。"当然，在罗马这地方离婚很简便，这桩婚姻也很快结束。

　　西塞罗希望独处的原因是他最珍爱的女儿刚刚去世。他有两个孩子，他的儿子从来就不太令人满意。但图丽娅拥有他希望的一切优点，他把自己最深的爱给了她。当她在西塞罗去世前两年死去时,他完全心灰意冷了。"她活着的时候,"他写信给一个朋友说,"我总能在她那里找到避难所,一个避风港。我拥有一个能用她甜蜜的谈话卸去我的忧虑与悲哀重负的女儿。"此后几个月,他给阿提喀的信表明,他心碎欲绝。"我不跟任何人说话。一大早我就把自己藏在树林里,那里荒凉而幽深,直到傍晚才会出来。除你之外,孤独是我最好的朋友。我竭力与泪水作斗争,但我根本不是它的对手。"这是西塞罗个人生命中最深的悲痛。

许多伟大人物出现在那些信里,他们时至今日仍然是伟人。马克·安东尼——"恺撒一个可怜的、无关紧要的下属",高高在上的庞培这样说他——"傀儡统帅",给阿提喀的信里,西塞罗挪揄地给安东尼起了这么个绰号,"他走到哪里都带着女演员叙赛梨斯【晚宴上那位女士?】并且让她坐在敞开的轿椅里。实际上,他们说他有七顶这样的轿椅,里面挤满了这样的可耻尤物,男女都有"。庞培也在他信中出现,西塞罗对他的描写前后矛盾:此时,是伟大的政治家和至高无上的大将军,多年来罗马首屈一指的人物;彼时,当陷入人生危机,与恺撒争夺世界统治权时,他又突然表现得既不像政治家,也不像将军,既缺乏常识,也缺乏决断。"他的处世之道就是心里想要的是一套,嘴里说的是另一套,"那位迷人的年轻嬉皮士,凯利乌斯·茹福斯,写信给西塞罗道,"他又不够聪明,无法掩饰自己想要的东西。不管怎样,"他讥诮地补充说,"他在鲍里受到的待遇一日不如一日,饿到极点,连我都可怜他。"

人们将会看到,这些信件戳穿了气球;富丽堂皇终不免一朝崩塌。他们这些最高贵的罗马人,与我们在舞台上常见的大人物毫无相似之处。西塞罗听说,布鲁图斯将与波西娅完婚,这是好事——唯一的止谤之法。他来到希腊,发现布鲁图斯坚持让萨拉米斯岛的人们以百分之四十八的利息归还他出借的债款。"我记得自己颁令定过的利息,是百分之十二,给普布鲁图斯本人也是如此。"他写信告诉阿提喀说。就在恺撒被刺后不久,他收到的"一封布鲁图斯的来信——我寄给你一个抄本。必须得承认,信中的描述相当可疑——不过他确实表现出一些男子气的锋芒"。

在勇气方面,布鲁图斯的母亲可一点不缺。有一天,就在恺撒死后不久,西塞罗在他的乡村别墅里见到了三位了不起的女士:塞维莉娅、特图拉和波西娅,她们分别是布鲁图斯的母亲、妹妹和妻子。她们在谈论时局:布鲁图斯和卡尔休斯接受元老院无足轻重的职位任命而受辱,卡尔休斯的职位不过是在西西里收购谷物。正商讨时,"卡尔休斯走了进来,两眼闪闪发光,宣布他不会去西西里"。塞维莉娅于是发誓,她会亲自解决这问题:"塞维莉娅说她将从元老院的法令里去掉谷物供应的事务。"这是关于那些难以捉摸的罗马女人们一幅有趣的特写。显然,塞维莉娅知道元老院在她股掌之间。

在那块皇家的华丽装饰把他掩盖起来之前,伟大的奥古斯都,罗马的始皇帝,在整个文明世界说一不二的独裁者,还是一位非常仁爱的青年。对于他,西塞罗不止一次摇头叹息。"人们在多大程度上相信他的这种年纪和出身,这是个重要的问题,"他在恺撒死后几个月写道,"我曾在阿斯图里亚斯见过他岳父,他认为此人根本不值得信赖。""他还乳臭未干。"这句话出现在一封信里,信的日期在奥古斯都把西塞罗交给安东尼杀掉之前一年。"他以为自己能够一下子把元老院赶走。谁来接替?然而,那些乡村小镇对这小子狂热吹捧。人们蜂拥而至,欢呼迎接。这你会相信吗?""一个值得称赞的年轻人,最好给他奖赏——然后解除职务。"这是西塞罗最后的看法。评论被人转述给了奥古斯都;三个月后,他同意了对西塞罗的暗杀。

遗憾的是，克里奥帕特拉很少出场，只有过这么一次。对西塞罗而言，她并不完全是那个女王：

> 她总是仪态万方，无论是斗气，是巧笑，
> 还是掩泣——

"克里奥帕特拉。我多讨厌这女人。你知道有几个月时间她和我一河之隔。谁也没她傲慢。"显然西塞罗曾在宫廷之上受到怠慢。在西塞罗看来，皇家总是意味着专横无礼。不巧的是，交谈记录已经佚失。西塞罗不是那种会默默顺从的人。一个是罗马的执政官，一个是野蛮的小君主，或许他会这样评价那两股对立力量。

总之，接触到这些信件，最堂皇中的堂皇也会悄然而逝。伟大的悲剧塑造的这些庄严人物，高高在上，至今仍栩栩如生，而通过这些日常记录，他们跌落到与我们的生活相同的层面。然而，他们中的每个人——严肃而无能的庞培、高利贷者布鲁图斯、轻率的波西娅、浪子安东尼，甚至傲慢的女王克里奥帕特拉——在某些场合还会上升为伟人，这也千真万确。如果说他们无法活得伟大，他们也能通过死亡的方式达到，或许死得伟大丝毫不比生得伟大缺少重要性。

演说家西塞罗

第六章
恺撒和西塞罗

西塞罗对恺撒的感情没有左右摇摆,
他从来都不喜欢恺撒。
这点就像恺撒对西塞罗的喜爱那样一目了然。

恺撒，罗马曾经造就的最伟大的王者——我们所有人都对这点坚信不疑，哪怕原因谁都说不清楚；而在西塞罗和其友人的交流中，他却比其他任何名流都要平淡无奇。这是我们的巨大损失，因为恺撒不喜欢解释自己。任何书籍，无论什么主题，都不会比他的《高卢战记》更少个人色彩。它是文学史上去个人化的自传的典范。恺撒的形象几乎出现在每一页，但描述他的方式和描述其他人物完全一模一样。那本书表现了恺撒如何突破难以置信的阻碍、面对几乎不可理喻的奇人怪事、承当能够把人压垮的责任、持久面临失败和死亡威胁——这些经历一定让他充满快乐和悲伤、绝望与喜悦，但所有这些叙述都是完全超然的记录，只有两处例外，两个片断，都很简短，只有在这里才流露出个人感情的一丝痕迹。

第一处只是一句话，在记述他的首次战役的结尾部分："元老院，在接到恺撒的信笺、得知胜利的消息之后，准予十五日的感恩庆典，此前从没将军获此恩准。"这句话几乎直白到仿佛出自西塞罗之口。从这话中却透出微光，照进恺撒鬼神莫测的内心。他为此欢欣自豪；他渴慕获得前所未有的荣誉。说这些话时，他暂时从超越人类的高位——他把自己放到这个位置之上——走了下来。

第二处是对战争的叙述，这一段流露出的情感也是确凿无疑。一次，他派遣自己激赏的某人执行任务，那是极端危险的使命，恺撒为此痛苦不堪，这就是故事给人留下的印象。他描述道，"一个年轻人，品质卓荦，彬彬有礼，刚直不阿"，作为特使被派遣到日耳曼军营中，在那里被捕羁押。恺撒所知的全部情况就是，他们杀死了年轻人。他进攻并击溃了日耳曼军队，然后，"那个年轻人，身被三重锁链，被匆匆逃窜的看守拖曳着，在恺撒追击日耳曼人时与他偶遇。对这位将军而言，能幸运地救回密友，由此带来的喜悦并不亚于战胜敌人这件事本身，总算没有因为失去他推重有加的人而使这场胜利大打折扣。"

除了上面几句话，那位彬彬有礼、品行高贵的年轻人在历史上无迹可寻。在恺撒其余的所有著述中——包括七卷《高卢战记》和三卷《内战记》（通常认为此非恺撒大作）——再没有类似的故事。即使他叙述一个罗马军团覆灭，以及另一军团在即将覆灭时得到拯救，也不比一个历史学家叙述几个世纪前发生的事情更有感情。

我们并不能因此推断，恺撒处心积虑，计划在叙述中排除个人因素。他脑子里只有一件事情，他的战争；只有放在战争之中，他才会考虑到他自己。当然，他在写作时也没有想过，读者会产生什么其他想法。他一直是寡言少语之人；关于自己，他更是永远缄默。这种沉默寡言的结果，就是他的传说数不胜数。实际上，在他死后不久，当他的第一位传记作者满足了世人的好奇时，有关恺撒的传闻已经铺天盖地。许多年来，他都是罗马人谈论最多的话题，当然那些传闻总是夸大其词，也往往越描越黑。更遗憾的是，尽管西塞罗从童年时就认识恺撒，也是有足够能力理解恺撒的同时代人，却很少提到恺撒，提及时也只寥寥数语。从西塞罗的信中看不出恺撒的清晰形象。事实上，西塞罗根本不打算清楚地了解他，关于恺撒的观点总是摇摆不定。可是，西塞罗对恺撒的感情没有左右摇摆，这点一直没变，他从来都不喜欢恺撒。这点就像恺撒对西塞罗的喜爱那样一目了然。到跨过鲁比肯河那段时间，因为恺撒帮助了或希望帮助西塞罗，在信中最为频繁地提过恺撒名字的地方。恺撒需要他的友谊，可西塞罗从未给他。

西塞罗本是不错的朋友。或许最明显的是他的书信中表现出的热心，他对许多人都是热心肠。诚挚感情的流露比比皆是。他写到自己为某人谋到了外邦职位："'取悦自己爱戴的人多么困难'——起初我为你不喜欢你所处的地方而烦恼；现在你写信说你喜欢，却让我感到极度痛苦。没有我，你也能找到快乐，这让我多么哀伤！"他在自我解嘲，即便如此，他的话也显得真诚，诸如此类的语句在他的信中还有很多。"所有人都相信，"在另一处他写道，"没有友谊的生活根本不是生活。"

无疑，这些朋友往往都是权贵；不过，西塞罗有些最热情、最亲切的信却是写给他那位奴隶秘书的。他身体不够强壮，因此西塞罗时常对他表示出温和的忧虑："你只管照顾好自己的身体，别的事情都交给我。你对自己也要表现出你对我的关切，把这添加到你已经完成的无数任务中去，我会珍视这一点甚于其他所有任务。好好照顾你自己吧，我的提洛，照顾好你自己。"西塞罗有很多此类短简，写给他深爱的这个仆人。

而西塞罗对奴隶的深厚感情，恺撒从未赢得，尽管他尝试多年。确实，早在公元前 63 年，他曾投票反对判处卡提林的同谋死刑；在西塞罗眼里，没有什么比这更糟糕了。三年后，当他与庞培、克拉苏结盟时，也曾邀请西塞罗入伙，这是他表达敬意的重要证据。西塞罗拒绝了，至于原因，老天知道。他的信里没有提到邀约，甚至没有提到会盟——只有一处，说有"三个无法无天之人"。随后不久恺撒的又一次友好举动，西塞罗也拒绝了；那时恺撒获得一个职位，不比他以前获得的任何职位逊色的一个职位，这就是"高卢及阿尔卑斯以北各省"总督。他请西塞罗同行。西塞罗告诉阿提喀："恺撒很慷慨地邀我为幕僚。"

而邀约的背后，是善德女神节的那位英雄汉，那位年轻的克劳狄乌斯，尽管他自己浑然不觉。事件之后，一时间他成了罗马人尽皆知的人，成了公敌。人们也许以为，他也是恺撒的敌人，但事实根本不是这样。普鲁塔克说，让恺撒长期蒙羞的丑闻、离婚以及庞培娅的不贞，某种意义上已经完全一笔勾销，但是，在普鲁塔克眼中，政治上的权宜之计总是令人厌恶。在恺撒离开后，克劳狄乌斯会维护恺撒的利益。恺撒知道，他有复仇西塞罗的庞大计划，发出邀请就是要让他离开而来到安全之地，当然或许也是他不会伤害别人的所在。西塞罗拒绝结盟后，恺撒认定，作为政治家他是不可靠的。但是，离开罗马的生活对西塞罗来说孤独凄惨，恺撒作为同伴也不会给他带来安慰。他既不愿意走，不久克劳狄乌斯就成功地通过了那项法律，彻底切断了西塞罗与他心爱的城市的联系，将他流放，让西塞罗成了历史上最悲惨、最思乡的流放者。

西塞罗给阿提喀的信中说道，庞培曾"发誓不惜牺牲自己的生命，也不会看着我被【克劳狄乌斯】伤害"，面对危机时却按他一贯作风行事，堂而皇之地隔岸观火，绝不插手。当西塞罗去恳求帮忙甚至扑倒在他脚下哀求时，庞培冷冷地回答说他无法干预，甚至不愿伸手去搀扶这个备受打击的人。有人或许认为，对朋友来说这不可饶恕，庞培可谓西塞罗的老朋友；然而，飘零异乡一年多，西塞罗获庞培同意被召回罗马之后，他不仅原谅了他，而且比以往对他更加感恩戴德。这令人费解——没有任何文献资料给出原因；这尊石膏神像，庞培在西塞罗的书信中从头到尾的形象，外表流光溢彩，里面空空如也，却让西塞罗为之死心塌地。数年之后，争夺罗马领导权的战争开始，庞培逃跑，把意大利留给恺撒；西塞罗这时写道："有件事情折磨着我，就是当庞培仓皇败落时，我没有跟随他。从那以后，我再未赞助他的事业，他也犯下一个接一个错误。并且没有给我只言片语。可是而今，我对他往昔的友爱喷涌而出；现在，我难以割舍对他的思念。日日夜夜，我望着大海，渴望逃到他那里去。"

对待恺撒，西塞罗可是另一种方式。不管恺撒做过什么，西塞罗都不喜欢他。在高卢期间，恺撒曾给西塞罗写过许多信；他至少成功地说服西塞罗，他值得他信任。所有这些书信都已散佚，不过西塞罗在回信时引用了其中一封："我刚刚收到您的一封信，里面说'至于你推荐给我的那个人，我甚至会让他成为高卢之王。再推荐个人过来任职吧！'"这些话说得很愉快。尽管寥寥数语，却像一幅快照——没有故意摆出姿势。在那一瞬间，恺撒不再是伟大的将军：他露出一张笑容可掬的脸，在快活底下藏着某种暖意。西塞罗告诉兄弟，他收到恺撒写的"一封最美好的信"，那时恺撒珍爱的女儿、年轻的朱丽娅，庞培的妻子，刚刚去世，是她在世时让恺撒和庞培这两个都很爱她的人一直保持和平。

甚至戎马倥偬，恺撒也不辞辛劳，经常写信。"收到恺撒一封最诚恳的信，"西塞罗给阿提喀写信道，"他焦虑不安，盼望不列颠战争有个结果。岛上没有一块银子，也没什么战利品，除了奴隶——我可不认为他们中间会有什么辞章之才或者音乐天赋。"大约三个星期之后，另一封信："10月24号我收到恺撒从不列颠写来的一封信,落款日期是9月25号。不列颠已经平定,囚俘已经带走。没有战利品,但要强征贡赋【不列颠从未交过】,他们即将班师回国。"

那是公元前54年。此后数年,恺撒几乎销声匿迹,除了间或出现在凯利乌斯·茹福斯给正在西里西亚的西塞罗的信中:"人们对恺撒议论纷纷——没有多少好话。有个家伙说他失去了骑兵,对此我不怀疑;另一个说他陷入贝洛瓦希人的包围,与其余部队失去联络。这些都是机密。多米提乌斯在开始说话之前,会把手指竖到嘴唇上。"

那封信的日期是公元前50年,那年,恺撒在西方的胜利以及在罗马越来越高的人气吓坏了元老院和庞培,他们轻率地决意要控制他。凯利乌斯写道:"庞培决心不允许恺撒成为元老,除非交出军队;恺撒则坚信,没有军队就没有安全。他希望媾和——就是双方同时放弃军队。"这个公平的建议遭到拒绝。罗马还不知道恺撒究竟是怎样的人。"当庞培被问及,"凯利乌斯继续写道,"'如果恺撒决心成为元老且保留军队,那当如何?'庞培非常温和地回答说:'如果我儿子决心把棍子架到我肩膀上,那当如何?'""庞培好好羞辱了恺撒一回。"西塞罗写信给阿提喀道。庞培这种态度的结果,是恺撒在第二年初春跨过鲁比肯河,点燃战火,直到十八个月以后,以庞培的失败和亡故告终。

几乎就在同时,凯利乌斯·茹福斯——这个放荡的冒险者,和阿提喀——目光远大的谨小慎微者,都投靠了恺撒,二人是重要的风向标。凯利乌斯热情地投入恺撒阵营。"你看见过比你的庞培更愚蠢的家伙吗?"他从意大利北部的恺撒军营给西塞罗写信,"以他的软弱无能煽动所有这些混乱。又有谁比我们的恺撒行动起来更为敏捷,得胜后更为克制?你读到过吗?听到过吗?"关于阿提喀的巨大转变，我们只能从西塞罗写给他的一封信中略知一二："如果像你和皮杜卡乌斯这样的人都打算到五号界碑去迎接他（恺撒），他定会更加确信自己的正当。'那有什么害处？'你问道。没有害处——但是真情实感异于虚情假意的外在标志就完全坍塌了。"可怜的西塞罗。阿提喀不过是按照利己原则行事，他和西塞罗彼此都承认他们遵循这一原则；可是，一旦事关庞培和元老院，只因为他们没有成功就遭抛弃，西塞罗便无法遵循那个原则了，而阿提喀却能做到，这让西塞罗感到痛苦。就在几个月之前，他还写信给阿提喀说："我该怎么办？我知道，如果将来打仗，和庞培一起战败，要好于和恺撒一起获胜。但要想想，我得用点什么手段才能保持恺撒的善意。"

从那以后一直到庞培失败，西塞罗自己所写的书信没有任何一处为恺撒辩护。他只有诅咒。恺撒是"我们怀里的那条毒蛇"，是"罪恶之王"，是"从未见过荣誉与正义影踪"的"卑鄙狂人"。但来往信件中有两封恺撒的来信可谓是重要文献。是否追随自己认定的荣誉之途、跟庞培和失败站在一起，西塞罗经历过漫长的痛苦挣扎，在此期间，恺撒从未停止乞求于他——不是乞求他加入己方，显然恺撒当时就明白西塞罗不会这么做——而是乞求他也不要加入庞培。恺撒给西塞罗写信——那封信落款"行军途中"，年份是公元前49年——"如果你表示要谴责我做的任何事情，那会大大地损害我们的友谊，并且没有考虑你自己的利益，那是对我的最大伤害。凭借我们的友谊，我求你，不要迈出这样一步。远离内争，还有什么比这更适合一个善良、平和的人，更适合一个好公民呢？有些人赞成这样的路线，却因为危险而无法遵循。"他这是指他自己；这些如此字斟句酌、客观超然的话，却是极少数流露个人情感的历史记载之一。"不过，对你而言，"这封信继续写道，"我以生命起誓,以我对你千真万确的感情起誓,你会看到:没有什么做法,比远离争斗更安全、更充满尊严。"

这些急切之语,蘸着强烈的感情。不要认为,这是因为西塞罗在政治上对恺撒有多重要。西塞罗一直是软弱而游移的政治家。支配那封信的是恺撒真诚的友谊,或许还有,同样深刻的,他对内战的痛恨。他希望把他自己经常为之感动的一世辩才拉入到和平事业中来。

当书信不起作用时,他安排与西塞罗会面。西塞罗对阿提喀的转述表明,两位天纵之才,两个认识了一辈子的人,他们之间的相互理解是多么少。"我们想错了,"信里写道,"以为他容易控制。我从没见过比他更难对付的人。费尽唇舌,他却说道:'好吧,来为和平而努力。'我问他:'按照我提出的条件?'他说:'我会向你下命令吗?'我说:'嗯,我会反对你入侵西班牙,我还会祭奠庞培。'他回答道:'那可不是我想要的。'我说:'我也那么认为,但如果去罗马,这些话我必定会说。'于是我们分道扬镳。我肯定他不喜欢我,而我很久都没这样喜欢自己了。他非常清醒,也很大胆——"

最重要的一封信是恺撒的一个军官交给西塞罗的,试图向他表明恺撒的真正目的并赢得他的支持。这在军事信件中独一无二。恺撒写道:"我已下决心,用最大限度的克制,竭尽全力与庞培达成和解。让我们看看,能否用这种方式赢得所有人心,获得永久胜利。这是新的征服方式,用同情和宽容作我们的防御。我抓住庞培的一个军官。当然,我按照自己的计划行事,立刻释放了他。"

在恺撒那里,没有软弱,也没有游移。他坚决执行计划;他按新的征服方式行事。庞培战败之后,一个接一个支持者被无条件赦免。从没有过如此仁慈的征服者。在残酷暴虐的古代,恺撒独一无二。渴望被宽恕并返回意大利的西塞罗，被恺撒表现出的殷勤尊重说服了。他给众多朋友写信，"我们发现他一天比一天和顺"，"他脾气温和而仁慈"，"他仍然对我极度友善"。恺撒赦免了不仅反对他而且让他遭受过耻辱的人，这时，片刻间西塞罗甚至热血沸腾："这在我而言是充满光荣的日子，我好像看到了共和国在我面前死而复生的某些景象。"

不过，这些言辞全出现在西塞罗给其他人的信中，在给阿提喀的信里踪迹全无。他在信中给予恺撒仅有的真诚赞美，是关于他的著作："我忘记附上我给恺撒的一封信——不是因为我羞于表现得像个阿谀奉承者，你或许这么猜测。我高度评价他的那些书，所以我没有刻意奉承，尽管我认为他读到那些话会很高兴。"至于那封信其余的部分，西塞罗的话简洁且谨慎："我给你自主权，只是当心别做什么触怒这个大人物。"那时阿提喀可不希望听到任何抨击这位大人物的话，西塞罗也压根没想过写那些。他正竭尽所能获得恺撒的好感，况且邮差并不总能把信送到正确的收信人手中。

恺撒在信中最后一次出现，是在大约六个月后，3月15日之前不到三个月。西塞罗设晚宴招待恺撒，一次盛大的宴会。"过得非常愉快，"他告诉阿提喀，"一位不可思议的客人，但他没有留下丝毫遗憾。直到一点钟他都不让人进去：他有自己的考虑，我想。接着他去散步；两点之后，洗浴；接着，涂油之后，便坐下来就餐。他服用了催吐剂，这样他可以随心所欲地大吃大喝——一场盛宴，招待得很好，

> 烹煮、调味俱佳，而且说老实话，
> 一切都很顺利，还有愉快的交谈。

我们全都是朋友。但他不是那种让人说'回去时一定来看我'的客人。一次足矣。宴会上没有严肃的谈话,但谈论了很多文学方面的事情——"这是罗马人在评价一些真正值得冷静关注的事情时最常见的话。

到下一次在信中出现时,恺撒已死。谋刺者没有邀请西塞罗加入他们,令他永远感到遗憾——西塞罗在好几封信中宣称。起初,他表现出无节制的狂热:"尽管整个世界都阴谋反对我们,3月15日却给我带来安慰。我们的英雄们竭尽全力取得了最最辉煌、最最宏伟的成功。"随后两个月,他还是这么想。然后变化出现了。西塞罗开始质疑作为领袖的布鲁图斯和卡西乌斯。他们不愿采取任何决定性的步骤。他们远离罗马,无所作为。"事情做得充满男子汉的勇气,但方法却是孩子般的盲目。"西塞罗在5月给阿提咯的信中写道。当他一个月后前去看望他们时,他发现只有"一条破船,更确切的说是残骸。没有计划,没有理性,没有条理"。接着,他有一刻想起了遭遇海难时那个与他肩并肩的朋友:"因为恺撒,不管怎么说,对我最有耐心。"但这种淡淡的愧疚和惶惑转瞬即逝。他最后的结论是前所未有的最彻底的谴责。在恺撒死后一年,亦即自己死前一年,在论及道德责任的文章中,西塞罗说道:"他如此热衷于做坏事,好像对他而言,做坏事本身就是乐趣。"这就是西塞罗为恺撒写的祭文。

不可能把西塞罗这种情感解释为仅仅或主要是由于他热爱共和国,并因此痛恨那个自己把持最高权力的人。直到生命终结,西塞罗都始终爱戴、赞美和哀悼庞培,但是,在到希腊加入庞培阵营之前很久,西塞罗就已经看得很清楚,庞培为之战斗的目标只有一个,他自己的统治。"庞培和恺撒都追求绝对的权力,"西塞罗写信给阿提咯说,"两人都想成为君主。""从一开始,庞培的想法就是利用那些野蛮部落来毁灭意大利。"然而，西塞罗对庞培的热情从未减少。西塞罗一直讨厌恺撒，肯定另有原因。在他们的同时代人中，只有西塞罗有能力理解恺撒，恺撒无疑感觉到了这一点。他强大而智慧的精神在西塞罗那里能找到其他任何人都无法给予的回应。除了西塞罗，恺撒周围都是渺小的人物，品性卑劣而狭隘。但西塞罗对恺撒没有丝毫亲近；就目前所知，除了马可·安东尼，恺撒从没有亲密且忠诚的朋友。他最信任的两个军官背叛了他，他喜爱的布鲁图斯杀死了他，此外再没提到有谁与恺撒关系亲密。

士兵们忠诚于恺撒肯定是事实，这有许多掌故作证。没有这种忠诚，他就无法完成伟业。传闻恺撒只用一个词就平息了叛乱，在那次演讲中，他不是按习惯称士兵们为"战友"，而是称为公民、市民，这不仅仅是用词的聪明巧妙，更多表明的是他用词的战略考虑。

那是对恺撒来说最危急的时刻。庞培失败后，恺撒在罗马，正准备踏上前往非洲的航程，消灭元老院留在那里的强大军队。在罗马城，他被充满仇恨的敌人包围了。他的全部依靠就是他的军队，其中最优秀、最嫡系的军团却发生了兵变。士兵们差点儿杀死了自己的军官；他们向罗马进逼，宣布要退伍；他们再也不为恺撒服役了。恺撒去请他们，让他们带上刀剑，这是典型的恺撒式命令。有关他的一切故事都表明，他把个人危难置之度外。恺撒与士兵们面对面，让他们陈述理由，听他们讲述如何拼死拼活，受苦受难，缺薪少饷，并要求退伍。恺撒回应他们的演讲也同样很典型，非常温和，非常简洁，一针见血："你们说得很好，公民们。你们一直努力工作——你们忍受很多痛苦。你们希望退伍。你们会如愿以偿。我会让你们所有人退伍。你们将获得补偿。再不会有人说我，在危险时刻利用你们，而在危险过去后忘恩负义。"

仅此而已。但如他所愿,听到这些话,那些军团完全崩溃了。他们哭喊着说自己绝不再离开他,乞求他饶恕他们,再次接受他们做他的士兵。在那些话背后,是恺撒的人格;尽管昔日无法重现,但某些东西透过这些简洁、大胆的文句传递出来:钢铁意志让他在极度匮乏时仍冷静面对士兵的叛离;凛然傲骨让他绝不吐露半点恳求责备之语;温和的宽容让他洞悉人世但不指望从世人身上得到任何东西。

古代史上记载的另一篇著名演讲表现了同样的特点。那是恺撒在非洲战争期间对军官们的演说。元老院的军队在那里与蛮族君主结成联盟,据说这位君主法力无边。听到这个君主带着大军前来的传言,百夫长们非常紧张;恺撒听闻此事,就把他们召集起来。"你们明白,"他说,"朱巴君主在一天之内就会到达这里。他有十个军团,"(恺撒自己的军力非常薄弱)"有三万匹马,十万散兵,还有三百头大象。你们的任务既不是考虑处境,也不是提出问题。我告诉你们真相,你们必须做好准备。如果你们当中有谁害怕,我会设法让你们回家。"

"有人告诉我,"在恺撒遇刺前几个星期,西塞罗在元老院的一次演讲中对他说,"你常常说自己不希望活得更久。我很遗憾听你说自己已经活得太久了。"在3月15日的头天晚上,一位编年史作家讲述说,他和其他许多人一起吃晚餐时,谈论起怎样死法最好。恺撒正在签署文件,当别人争论不休时,他抬起头来说道:"最好是突然死去。"这个故事当然太过贴切,但第一个讲述这故事的人可谓熟知恺撒。恺撒确实会说这个话。

还有两个同时代人对恺撒的记录流传下来。萨卢斯特写了一部卡提林叛乱史,对恺撒着墨甚多,但多集中于他的仁慈与宽厚。恺撒总是"给予、救济、宽恕,为不幸者作庇护";"他仁爱、慈善,出类拔萃";"他关心朋友的利益却忽视自己的利益"。这无疑是支持者的描述。萨卢斯特是恺撒的军官,恺撒非常看重他,但这些叙述和西塞罗的描述大体相符——西塞罗并非支持者。恺撒反对将叛乱者全部处死的演说,萨卢斯特作了全记录,很可能这基本上是准确的。当然,萨卢斯特并不在演讲现场,但罗马有速记员,那也是一个伟大而重要的时刻。此外,听过演讲的人会成为萨卢斯特的读者,他们的赞同最为重要。元老院知道是错误的东西,他还载于史籍,那不可信。恺撒的演讲简短而平静,推证严格又客观冷静地要求遵守法律。制定法律来庇护世人,它不仅针对其他人,也针对他们自身。法律是用来抵御人类激情的保护。提交元老院的建议是处死公民,这是非法的。过去,每当法律的强大堡垒被削弱,都必然带来灾难。如果现在通过任何行动严重削弱了法律,其危险可能就是最终完全颠覆法律,给这个城邦的所有人造成灾难。

但是,对于这些狂怒而惊恐的人们来说,耳朵里仍然回响着西塞罗对任何有朽与不朽者——除了理性者——热情洋溢的吁请,恺撒这种客观的理性有什么意义?西塞罗见证了自年轻时就作为律师开始职业生涯的恺撒在法庭的绝妙演讲。恺撒在法庭上的演讲没有一篇流传下来,我们能肯定的只是,他在晚年完全改变了自己的风格。西塞罗是罗马律师的典范;他发出可怕的辱骂,利用人们的感情,煽动他们的怒火,或把他们感动得潸然泪下,他能通过诉诸于共和国的荣耀和古代家庭生活的纯洁,让雄鹰——罗马的青铜雄鹰——发出尖叫,西塞罗的这种雄辩滔滔,与恺撒身后留下的直截、简要的词句可谓天壤之别。

还有一位同时代人描绘了另一幅恺撒肖像。在罗马共和国最后的岁月中,一个狂热的年轻诗人正走过罗马的街道,用挖苦、揶揄的诗篇,强烈地谴责他在那里遇到的堕落。在整个文学领域,很难找到像卡图卢斯的诗歌那样与西塞罗的书信反差如此之大的作品。它们的距离就像从巴塞特的格兰特利副主教和幸福快乐的老百姓过渡到最嬉笑怒骂的斯威夫特。无论就出身还是性情来说，西塞罗都一直是体面、安逸的布尔乔亚；卡图卢斯则从贵族转变为叛逆者，反抗这个世界以及这个世界一切的体面、安逸。

卡图卢斯有两首诗歌表达了对恺撒的看法，其中第一首从马穆尔拉开始，西塞罗在给阿提咯的信中曾说到此人："我赞同恺撒扩张其军事力量吗？如果我赞同，就意味着我赞同放弃坎帕尼亚的土地，赞同我自己的流放，赞同马穆尔拉的财产。"卡图卢斯对这笔财产的看法一样："谁能见证此事，谁能容忍此事？只有无耻之人、贪婪小人，只有毫无诚信的赌徒才会如此。马穆尔拉拥有阿尔卑斯山以北的高卢以及最遥远的不列颠？啊，罗马，在你的放荡中堕落吧，难道要见证和容忍此事吗？现在，他傲慢自大、富得流油、普天之下莫非王臣。举世无匹的大将军啊，你难道就是为此而前往西方最僻远之地？你抚育了罪恶之物？啊，恺撒，庞培，你们难道就为这个而给万物带来毁灭？"

第二首诗歌以个人咒骂方式写成，坦率直白："他们多么投合，马穆尔拉和恺撒，拥有堕落者的恶习，两人都一样邪恶。这也难怪。那腐蚀他们的污垢，已经渗入其体内，无法洗净。同样病体恹恹，同卧床榻之上，这对可爱的孪生子，同是风雅的通奸老手，同样贪婪无度——他们多么投合。"

西塞罗视恺撒为最痛恨的人，难道他没有听到这响亮的声音发出的最恶毒的咒骂？他从未提起卡图卢斯，他也从未暗示恺撒有任何恶行。那些信全都庄重得体，非常清晰地描绘出马可·安东尼的习惯。如果真像卡图卢斯描写的那样，这些信自然会提到一些恺撒的情形。但西塞罗对此完全缄默。他在一次演讲中评论说，凡是有点魅力的罗马年轻人,谁没受过这种斥责?

在恺撒死后一百年里,有些关于恺撒的传闻证实了卡图卢斯的谴责,还有无数恺撒情妇的绯闻,但都不见于传世的正史。在这方面,除了卡图卢斯,没有其他同时代的证据,而完全缺乏公正明断的品质,又正是那个充满激情的年轻人的过人之处。就像其他被指做下丑事且无法确证的人们一样,恺撒的是非功过,人们也只能自己判断。

同时代人看恺撒是个矛盾体,现代人眼中恺撒仍是如此。普鲁塔克引用了西塞罗对他的一段描写,证明了许多关于恺撒衣着华丽、举止优雅的记载是可信的。"我看见他的头发一丝不乱,还用手指整理发丝,这时,我简直无法想象,这样一个人居然想要推翻罗马共和国。"然而,所有的叙述都说到:恺撒能和他最强悍的士兵搏斗——以及竞赛游泳,他不仅能轻而易举经受住非同寻常的困难,在饮食方面也一直非常节制。如果他确实罹患司膳管家那样的疾病,那么他的精力真的令人震惊。他死时很可能接近五十八岁。在此前三年,他在希腊、埃及、小亚细亚、非洲、西班牙发动了战争,战无不胜;有关这些战争的记录经常提到他的突出特点:敏捷——思想上,善于预测敌人下一步行动;在体能上,总能比可能的时间提前很多到达目的地。

史载,恺撒在高卢残酷得可怕,而在意大利却特别仁慈。说到前者,他是对自己最不利的证人。他讲述了四次恐怖的惩罚,一些高卢和日耳曼的整个部落遭遇杀戮或卖作奴隶。每次都是他们违背盟誓——或者恺撒是这么认为的——他在四处受敌的国邦战斗,不可能获得任何援助。在其他所有时候,他则表现为宽厚的征服者,在他与庞培党羽长期争斗的过程中,高卢都没有爆发反对恺撒统治的起义,这个事实证明了他广施仁政的韬略。

在恺撒离开罗马前往西方之前，他的角斗比赛之壮观，让所有其他比赛相形见绌，人们常说这是他在下层阶级中很受欢迎的原因。关于恺撒，还有个奇特的细节随着奥古斯都的传记流传下来："每当奥古斯都参加角斗比赛，他都会不遗余力地装出被壮观景象吸引，因为他希望避开他亲戚（恺撒）导致的厌恶感，后者在这种场合出现时常常背转身去，埋头读书或写作。"

直到死去，恺撒仍然是个谜——除了一个方面，那就是他的指挥才能。很可能他就是希望留下这一印象。不管怎样，他只希望自己作为一名战士展现在世人面前。他过于伟大，以致很难归类。他在思想家中间必定可以占据一席之地；作为政治家，他很杰出；他写了一本书，流传两千年。然而，这本书的作者只对外在世界、对事物感兴趣，对他而言，这包括大多数人类和所有战士。当然，他真正的位置是与人类伟大的领袖同列，不管他们是统领军队还是企业，他们都只行动而不解释。

在恺撒的对面站着西塞罗。人们能够彻底了解他。他内心深处的所有隐秘，我们不希望在自己身上看到的那些卑鄙与软弱，在他身上都全然公开，完全暴露在陌生而苛刻的目光之下。他的虚荣、他的伪善、他的谬误、他的怯懦、他对赞美的依赖、他对安逸的喜爱、他那可怕的优柔寡断，所有这一切以及更多的缺点，他都在笔下向自己的朋友描述，他知道他们不会因其中任何一点而责怪他，因此他把这些清楚地保留下来，永远示人。对于这位最希望以光辉形象站在历史殿堂的人来说，这是他自己带来的残酷命运。

"他没有崇高的思想。"普鲁塔克在庄严地总结西塞罗的性格时说。这句话令人印象深刻，将我们跟希腊、罗马在价值尺度方面的差异生动展现在我们面前。今天，思想崇高不是我们最珍视的美德。恺撒却拥有它。当他最信任的军官在危急时刻投靠敌军，恺撒一言未发，给他送去了他留下的所有财物：马匹、奴隶、行李。庞培战败后，在庞培营帐里发现了大量书信，兵士送交恺撒审读以找出谁是罗马的内奸。恺撒把所有信笺付之一炬。行为的背后是无畏与自信，二者是崇高的灵魂。而西塞罗二者皆无。西塞罗把掌握在手心的卡提林放走了。当卡提林在元老院里坐在他面前时，西塞罗指责他；在元老院全体元老面前，西塞罗指认卡提林为叛国者；西塞罗雷霆万钧地谴责卡提林——又允许他不受干扰地出走，自由地离开城邦，把他放到敌军首领的位置。西塞罗是元老；他只要说句话，卡提林就会投入监牢，但西塞罗不确信人民是否支持自己，没有那种确信他永远不会行动。他对自己缺乏信心。

内心崇高，意味着他会按自己的主张生活，别人无法强加于他。普鲁塔克有个故事说明了这一点。当恺撒少年时，拥有无上权力的苏拉，就像常常命令顺从的庞培一样，命令他与妻子离婚，娶苏拉选择的另一个女人，恺撒拒绝了；他的财产被没收，他仍然拒绝；苏拉悬赏要他的人头，他逃之夭夭，但还是拒绝。最终，是苏拉这位可怕的独裁者向一个才十几岁的年轻人让步。终其一生，西塞罗都按照别人强加给他的主张生活。对他来说，最重要的事情就是获得认同。到他死亡那天，所有其他获得认同的人都让他嫉妒，这成为他强烈痛苦的根源。在写到庞培时他甚至也说："想到人们在不可知的未来认为他对国家的贡献会高过我，这常常刺痛我的心。"就是出于这个原因，他永远为自己解释，为自己辩护。没有支持，甚至没有赞许，他就无法行动。

普鲁塔克说得对，西塞罗从未呈现崇高。但他仍然拥有美德，值得尊敬。他和庞培甚至恺撒共同拥有的完整个人操守的消极面决不会受到轻蔑。在那个一切都可买卖的城市，特立独行就已令人肃然起敬。但还有一个事实，意义远不止于此，这就是，每当在正义与安全之间作明确选择时，西塞罗都会选择前者，哪怕付出痛苦的代价。腼腆敏感如西塞罗者当然会感到饱受痛苦——恺撒之类可能压根儿不会感到的痛苦。尽管付出痛苦代价，一旦认清，他就会恪守职责。"人们或许会做些趋炎附势的事情，"他曾写道，"但是，重要时刻降临时，决不能错失。"他没有错失。当西塞罗认为庞培的目标无望实现，而自己将告别一切让生活变得有价值的东西时，他仍然加入庞培阵营。他已是个精疲力竭的老人。那时他给阿提喀写信道："说真的，经过漫长的劳作后，我生命的黄昏平静地降临，连享受天伦之乐都感倦怠劳累。"尽管如此，他仍然跨过大海，寻找庞培军营。在那一刻，卢坎那句描述共和国的另一位忠实信仰者的名言，也完全适用于西塞罗：

诸神钟爱胜利的伟业，小加图却钟爱失败。

当恺撒死去，西塞罗觉得有可能重建共和国时，他再次放弃前往希腊寻求安全庇佑，而是回到罗马，反抗当时的掌权者马可·安东尼——那时意大利的霸主，西塞罗认为让国家危在旦夕的人。结果就是西塞罗之死。他被迫离开罗马；先是来到一处农舍，又逃到另一处。最后他决定坐船到——任何地方。他孑然一身。与他通信的朋友没有一个支持他。（现存的文字记载中没有提到阿提喀身处何方，但我们感觉当时的环境对他有利。）西塞罗上了船，然后——没有交代原因——他又离开船，回到农舍，躺到床上。他的求生欲望全无。但他的仆人们催促他起床，把他塞进轿椅，匆忙将他送回到海滩，这时安东尼的人追上了他们。普鲁塔克说，他盼咐仆人们放下轿椅，像他习惯的那样抚摸自己的下巴，直视谋杀者。只有一个人敢攻击他，其他人都站在一旁，用手遮住脸。西塞罗曾经给女婿写信说："再没有什么——绝对没有什么——比无畏的勇气更摄人心魄、风流曼妙、让人敬仰。"在生活中他并非总能表现出勇气。死神将近，他备受眷顾。

第七章
卡图卢斯

卡图卢斯是将现实与浪漫集于一身的人中麟凤。
他是罗马精神的完美代表。
他是莱斯比娅最单纯的情人,他的位置就在这尘世间,
他的范围就在自己的爱恨之中。

公元前 57 年——也是西塞罗流放归来的第二年——的一个节日清晨，罗马广场上聚集了一群在这里并不常见的人。尽管节庆已经开始，一场审判即将进行；而且，不单人潮的规模，还有看到了平常想都没有想过在法庭出现的诸多名流，种种事实都表明，这会是非比寻常的事件。摩登入时的淑女惹人注目；城中所有的辩才无碍之士也悉数登场；没有一个自命聪明或时髦的年轻人未曾到场。他们的出现理所应当。罗马最有名的贵妇之一指控城中一位最为聪明的俊彦雅士犯有谋杀和图谋下毒之罪。更妙的是，他们近来，就在最近，还一直打得火热，每个人都把他们的名字联系在一起。这确实是人所共知的事实；他甚至已经在香闺住了一段时日，他们俩可谁都不是因为风言风语就放弃念想之人。而如今，两人对簿公堂，成为死刑控告的原告和被告：一个是克劳狄亚，西塞罗曾经的朋友，是善德女神节上那位英雄的姐妹，还是数不清的造谣毁谤的女主角；另一个是凯利乌斯·茹福斯，西塞罗那位欢快轻浮、愤世嫉俗、让人愉悦的年轻笔友。

现在，克劳狄亚已在前排坐下，身边是那些希望指证她有罪的男人们，但其中没有一个人值得她轻轻一瞥。此时，克劳狄亚已经声败名裂，她的名字成了笑柄；然而，她坐在那儿，坐在那些凝视着她、暗暗讥笑她的人群面前，高高在上，满脸不屑，仿佛她从未离开生她养她的伟大家族的传统半步。对于这些，读到这段记载的读者可能会确信无疑。克劳狄家的人全都派头十足：他们我行我素地生活，别人对他们的看法不影响他们分毫。在人潮汹涌的广场中，克劳狄亚只看到两个人：一个是短暂地拜倒在她的石榴裙下，住进她的闺房，拿走她的钱，然后突然轻蔑地抛弃她的男人；另一个是他的辩护者，对她和她的家族心怀痛恨的敌人，被她的兄弟流放却胜利返回的流放者。西塞罗的口才在罗马无人不知。换作别的女人，可能就会安坐家中。但克劳狄亚却在前排坐下，目光没有游移，嘴角挂着一丝微笑，直面她的敌人。

有人会揣想，被告定会更加不安。他至少比那位夫人年轻十岁，在人生阅历方面更与她差二十年。而且，如果判决对他不利，他就毁了，而在这场可怕的控告横在他的人生道路上之前，他原本拥有最辉煌的前途。他很可能在想，对一个年长女人的激情心生厌倦，就立刻将她抛弃一旁，这是鲁莽的蠢行。对付克劳狄家的人，小心谨慎是必须的。他却压根没在这方面费神。他嘲笑克劳狄亚的主动姿态，并且离开她，这在整座城邦被传为笑柄。他称她为"便士女郎"，身价仅一便士的女人，这个奚落迅速传遍全城。每当克劳狄亚出现，就有人悄悄说出声来，而且一传十、十传百。凯利乌斯曾公开嘲笑她，而过去只有她嘲笑别人的份儿，在玩弄男人们之后冷漠地将他们一个接一个地抛弃。凯利乌斯这个傻瓜，他要避免为自己大嘴巴的蠢行付出沉重代价，唯有指望他的辩护人。

这个案件对西塞罗是天赐良机。他回到罗马，发现克劳狄乌斯将他心爱的宅邸夷为平地,原址上面建了一座神庙。伤害之外横加侮辱,似乎后者更加令人无法忍受。而现在,他的敌人却自己送上门来。普鲁塔克说,在西塞罗开始演讲之前,身体总是因为惊恐而变得冰凉,甚至在开始滔滔不绝地演讲后也不会停止颤抖、哆嗦。这个记述忠实可信。高强度的紧张,敏感以致颤抖,天才其实经常如此这般。不过,很可以相信,这次既没紧张也未颤抖。西塞罗轻松而快乐;他非常清楚地知道自己能做到什么。

控方的陈述已近尾声:凯利乌斯曾用克劳狄亚给他的钱雇人刺杀埃及国王的特使,他还用同样的钱贿赂奴隶给她下毒。证人出庭为这两宗控告作证。西塞罗起身抗辩。他就像音乐大师了解自己的乐器一样了解罗马平民;他也可以同样充满技巧且极其牢靠地利用他们。

"整个案子,陪审团的先生们,都是因克劳狄亚而起,这个女人不仅以其贵族出身而闻名,也因人们对她烂熟于胸而闻名【大笑】。我想我都不需要提她的名字,我和她丈夫之间的仇恨已经够深了——我的意思是和她兄弟。我总是犯这种错误【听众中响起一阵会心的哄笑,他们都很了解克劳狄亚与她兄弟的丑闻】。说真的,我从未想过跟一个女人争吵,尤其是看似一切男人都不是对手却人尽可欺、世人皆知的这样一个女人【笑】。我无意冒犯。让我问问她,她希望我以哪种风格与她对话——是旧式的庄重风格,还是现在更轻松的风格?如果选前者,我必须召唤一位亡者,那位高贵的失明老人,她整个家族中最有名望的人,他看不见谁坐在自己面前,所以今天也不会感到难过。这位老者会站在这里,代替我说话:克劳狄亚,你把凯利乌斯怎么啦?你怎么会要么跟他亲密得任他花钱,要么对他充满敌意、唯恐自己被他毒死?你是你父亲的女儿,你的祖先世代都是罗马的执政官,你的丈夫备受罗马尊敬——

你为什么要追逐私情？他是你丈夫的朋友——他和你是血亲还是姻亲？都不是，啊，在你的家族中，女人和男人一样拥有显赫的名声，你是这个家族的女儿。我撕毁罗马与仇雠签订的卑鄙条约，难道是为了让你卷入可耻的情爱？我把水源引入这座城市，难道就是为了洗刷你的污名？我修建宽阔的大道，难道是为了让你和陌生男子借此作乐寻欢？"

"不过，克劳狄亚，你也许更希望我作为一个现世的人与你说话？让我把那个严厉、粗鲁的家伙打发掉，另选一位这个世界上最完美的人为我代言，这最合适不过了，他就是你的幼弟，对你一往情深。他问你这一切都是怎么回事。你疯了吗，姐姐，如此小题大做？你对年轻的邻人一见倾心——喜欢他英俊的脸蛋和身材。他父亲没留给他什么钱，你就试图用自己的钱，把他绑在身边。但是他发现自己必须为你的礼物付出太高的代价，于是他与你断绝了关系。那又怎么样呢？难道世上没有其他男人？你在台伯河畔布置花园，所有年轻人都想争竞游泳——如果你不能挑拣心中所愿，那些花园又有什么用？为什么让那些不膜拜你的人把你厌弃？"

可以想象观众听到这些话有多快乐，但西塞罗还没有击垮克劳狄亚。他待凯利乌斯很宽容，语带诙谐，但也带着对年轻人轻率地追求享乐的深深失望。非常悲伤，毫无疑问。在这一点上，自己的委托人无可辩护，他做了不该做的事情。"可是，陪审团的先生们，我们还记得我们中一些人也曾拥有火热的青春。请理解我，先生们，我无意指出任何人的名字；但是，如果我说出来，你们会证明我是对的，我不会有麻烦。坦率地说，如果女人敞开自家大门，任由男人出入，如果她毫不掩饰地过着交际花的生活，如果在这座城市、在她的花园、在巴耶，她就是如此行迹，如果她的身份昭然若揭，不仅是因为她的步态、她的衣着、她那火热的眼睛和她肆意的言语，而且也因为此类只有那种女人能提供的娱乐，那么，如果一个年轻男子靠近她，你们会认为他是犯有错误罪过呢，还是仅仅贪图一时的欢愉呢？告诉我，克劳狄亚，一个男人若是与那种女人——当然，你可完全不是这种人——【笑】交往，你会认为他可耻而堕落吗？如果你不是那种女人——我承认你不是——凯利乌斯怎么会像人们说的那样对待你呢？如果你是那种女人，你的生活会让你提供的任何证据失去效力。"

然后，西塞罗转向有关投毒的指控，他那种嘲弄的口气变成了义愤填膺者深沉浑厚的语调："先生们，我见证了杰出的梅特鲁斯——这位夫人的丈夫——死去，这是我亲眼所见，想起此事让我再次心如刀绞。就在他去世头一天，我还在元老院碰到他，那时他正当盛年。我看见他挣扎着想说话，痛苦让他窒息，只能浑身抽搐、猛撞墙壁。克劳狄亚从房子里走出来，居然敢谈论烈性毒药的效力？"西塞罗知道打赢了这场官司。听众中没有谁不乐意相信这个女人坏到极点，她的美貌、财富和傲慢让她处处树敌，人人对她又嫉又恨。精明的律师迅速作结。最终结果会让现代读者吃惊，审判没有任何实证，没有逻辑推衍，没有从前提必然推导出的结论，而只是依据证人（在场的每个人都知道，在任何街角都能花钱雇他们提供想要的证词）的言词，还有一副受到冤枉的无辜穷小子凯利乌斯的可怜样，以及他高贵的老父亲的不幸，而这些全都归罪于那个最卑鄙的女人。这个判决与其说是为凯利乌斯辩白，不如说是对克劳狄亚的强烈谴责。这就是那个女人——生活的讽刺搞笑却让她成了世界上最伟大爱情故事之一中的女主人公。

克劳狄亚完全没想到自己的名字会永世不朽，即使她想到了这一点，她也不会稍加留意。她关心的是当下而非将来，是每时每刻都能极尽享乐之能事。空洞的不朽对她毫无意义。但是，那永世不朽的是她的名字，不是因为她的魅力或罪孽，甚至也不是因为那位伟大的控诉者，仅仅是因为她曾经爱过一个人，而他把爱欲注入诗歌的能力在其身前身后罕有匹敌。

他就是年轻的卡图卢斯，那位为恺撒名声抹黑的脾气暴躁的诗人。细心的父亲把他从维罗纳送到罗马，以摆脱小地方习气，获得更好的教养和名声。在参加帕拉廷山豪宅的聪慧主妇为整个上流社会举办的一个沙龙而得以引荐时，他或许二十岁光景。我们能够想象，第一次参加集会，他是非常腼腆的外省青年，在欢快的人群边缘犹豫徘徊。不过，他的诗歌光芒四射，证明了他非比寻常的魅力，并且没法不相信，他非常英俊，就像——很是奇怪——所有时代所有地方的诗人们一样。无论如何，卡图卢斯引起了女主人的注意，并很快成为她的亲密伴侣。克劳狄亚是充满智慧品位高雅的女人，能够辨别卓越的天才。她喜欢在那位才华横溢的维罗纳年轻人面前扮演批评家和鉴赏家的角色，还一起把那些不入流作者的作品撕成碎片，以此为乐："我的贵妇人发誓，如果我再也不写痛苦、辛辣的诗歌，她就会挑出最差的诗人，将他们倾泻出的垃圾扔入烈火中献祭。它们就在这里，瓦鲁塞乌斯的诗歌，恶劣得无以复加，诸神看见献给他们的这些祭品，也会愉快地大笑。"

对一个年轻人来说，这简直就是烈酒；整整长他十岁的美貌尊贵的妇人喜爱这个乡村小伙，甚于她所有优雅精致的世间之物。卡图卢斯当然疯狂地陷入了爱情，并且曾经把克劳狄亚感动得也爱上了他，或许她自己也感到惊讶，一个年轻的乡下佬居然能带给她如此强烈的情感。那些诗杂乱无章地流传至今，没有年代顺序。在诗集中，晚近写的诗歌排在最前面。但是作为爱情诗，它们的品级却毫无疑问。它们为自己正名。

这些"献给莱斯比娅的诗歌"——青年男子写诗给自己化名的

情人是当时的风潮——在爱情文学史上占据着独特的一章。整个英国文学史都找不到堪与比拟者。只有少数流传几个世纪的诗歌，就激情和感人而言略为接近。英国有许多情诗诗人，但状摹激情的诗人几乎没有。事实上，真正抓住英国诗人心的，是自然而非情爱，他们诗中的女人常常消失在树木、云朵、鸟儿以及——最重要的——英国花园里的花朵之中：

> 说吧玫瑰，说吧水仙，还有紫罗兰和漂亮的报春花，
> 因为你们见过我的宁芙女神那甜蜜娇媚的脸蛋和罕见的曼妙身姿，
> 难道（鲜艳的黄花九轮草、繁茂的石竹）她的身影（雪白的百合）没有闪耀着
> （啊，桂竹香，啊，雏菊！）魅力的光彩，如同天上的星辰。

只有莎士比亚的十四行诗能与卡图卢斯的诗歌相媲美，而且也只是在激情方面。在其他各个方面，这两种诗歌都相去甚远：莎士比亚字斟句酌要表达的不仅是激情，而且也是人类内心的整个世界，是死亡、时光、永恒以及快乐从未得到满足的人生悲剧；卡图卢斯在世界上除了莱斯比娅之外什么都没看见，他能以完美的简洁语言表达，因为除了简单的东西，他感受不到别物。在他永不平复的思绪中，从未有自己的笔无法记录的想法盘旋。他是莱斯比娅最单纯的情人，他的位置就在这尘世间，他的范围就在自己的爱恨之中。除了炽烈的感情，他在各个方面都很有限。他是个伟大的诗人，但他是罗马人，而罗马人不管多有诗人气质，都不会生而具有穿越永恒的思想。在整个拉丁文化中只有一个例外，那就是卡图卢

斯同时代的伟人卢克莱修,他用诗歌阐释希腊哲学。

卡图卢斯也能够写其他主题的诗歌。他能够就自己喜欢——他的帆船、他那四周湖水在风中欢笑的"岛屿一样"的小家、一次晚宴、朋友的悲伤——或不喜欢的任何事物创作出迷人的诗篇。他能写可爱的诗歌向一桩婚姻致敬,或者改写神话故事。像那些批评恺撒和马穆尔拉的讽刺诗,他想写多少就能写多少,其辛辣和粗俗跟文学史上其他任何作品相比都毫不逊色——如果它们确实能归于文学的话。不过,人们是根据最优秀的作品来评判诗人,那些糟糕的作品对他的最终评价没有丝毫影响。卡图卢斯是克劳狄亚的情人兼诗人,这足以让他名扬千古。

卡图卢斯的无与伦比之处,他超出其他所有诗人的地方,在于他能把爱之狂喜与痛苦直截了当地化作语言,似乎在读者与诗人的心之间没有任何阻隔。他的感受倾泻而出,激情欢腾,以致只能运用最简易的表达。比喻、美妙的短语和精致的想象——诗歌的所有修饰手法都被弃置一旁。如果愿意,他也能巧妙地运用它们。在写过的关于客观主题的少数几首长诗中,他就饰以诗歌通常的方式——而且很能讨好。但与他的爱情诗相比,这些长诗微不足道。只有很少的地方,当不幸的爱情成为主题,或者作为最不可能虚构的人物,莱斯比娅——卡图卢斯没法将她排除在外——突然出场时,诗中的口吻才会再次变成他自己那种激情、迷醉、痛苦的口吻,说出的言语被他的火焰熔化,我们只看见火焰的光芒,似乎已经无需言语就能读懂。

卡图卢斯讲述的爱情故事是所有爱情中最精炼的,他跨越了情人们各种各样的感受。但这并不等于说他是情人的典型;如此炽热的感情永远不能是典型;说他是情人的典范,或许更准确。他把爱欲激情的典范化入了几首短诗之中。

故事就像年轻人惯常的爱情那样，开头精细娴雅，充满爱欲。克劳狄亚——即莱斯比娅——有只宠物鸟，在她逗着鸟儿玩的时候，年轻的陌生人凝望着她，内心充满渴慕；一天晚上，他回到家，给她写了首诗。不用说，在把诗送给她之前他犹豫了很久：①

> 小麻雀啊，你是我爱人的心肝宝贝，
> 你与她玩耍，依偎在她怀里，
> 猛扑到她身上，用尖利的小嘴，
> 啄弄她飞快伸出的手指，
> 我光彩照人的女士，我渴慕的情人
> 用我听不懂的甜蜜傻话回答鸟儿，
> 从她的悲伤中寻到暂时的安慰，
> 就像发烧的病人痛苦得以和缓。
> 假若我也能与你如此玩耍，可爱的雀儿啊，
> 我就会消除心头忧郁的烦恼！

莱斯比娅对这首诗很满意，对作者也越来越青眼有加，于是他送给她第二首诗，用同样的语调写成。但如今那忧郁的烦恼已经消散，卡图卢斯感到了幸福；他能够与他美妙的情人开些温柔的玩笑了：

> 哀悼吧，职掌爱与美的男女诸神，

---

① 不必说这样的诗不可翻译，所有诗歌都不可翻译。不过，诗中的情感与词句炽烈地融为一体，当然也给译者造成了特殊的困难，给出下面的译文不是为了让读者了解卡图卢斯的诗歌，而只是为了展现他自己。每首英译诗都准确地仿照原诗的韵脚，让读者体会其中的韵律。

以及所有情感敏锐的人们,
一只小麻雀死了,我情人的麻雀
我情人的宠物,她最心爱的玩物,
她爱它就像爱自己的眼睛,甚至超过眼睛;
甜蜜的小雀儿啊,它了解可爱的女主人
正像小女孩对母亲那么知心;
她托着小麻雀,它甜蜜地依偎在她怀里,
时时刻刻与她跟随,形影不离,
只在她的耳畔温柔地啁啾细语。
如今它顺着那条阴影笼罩的黑暗道路走去
他们说,踏上那条路从来都一去不回。
我要陪伴你,冥界的邪恶诸神啊,
所有美好之物都在你们那里永远终结,
你们将我漂亮的麻雀掠走,真是不知羞耻。
哦,令人同情的可怜麻雀,
是你让我的情人潸然泪下,
漂亮的双眸啊,被伤心的泪水泡得又红又肿。

当莱斯比娅的一个对手受到赞美时,卡图鲁斯很快用诗歌去抨击去辩护,莱斯比娅快活地笑着诵读诗歌,而且,可以肯定,她还让其他人传看:

人人都说昆提娅是个美人。
我承认她肤色白净,身材高挑又挺拔。
但仅此而已——她再无其他好处。
美貌?压根没有。没有魅力哪有美丽可言?

> 她沉甸甸的身体平淡乏味,就像肉没加盐。
> 啊,莱斯比娅才是美人,从头到脚无处不美
> 维纳斯也会黯然失色,莱斯比娅窃走了她的优雅。

似乎,莱斯比娅一下子被征服了。她对情人很是挑剔,以前她从未遇见一位诗人兼情人。她感到了这种结合的吸引。卡图卢斯仿佛置身天堂:

> 生活吧,我的莱斯比娅,爱吧,我活着——我爱你。
> 我们不用理睬那些古板的闲言碎语。
> 西沉的太阳明天又将再次升起,
> 而我们,一旦短促的生之光明消隐
> 就必须在无尽的黑夜中永远长眠。
> 吻我一千次,再吻一百次。
> 现在再吻一千次——再吻一百次,
> 然后再添一百——还要一口气吻一千次。
> 我们成千上万地把吻增添,
> 不再计数,只顾吻个不休不停。
> 以免嫉妒的眼睛给我们带来不幸,
> 窥测出我们亲吻的数目。

但是困难的情况是——如何面对又怎样规避善良的梅特鲁斯的猜疑——所有真心相爱的情人,都会遇到所有这些麻烦。要在这种情形之下打发丈夫,莱斯比娅当然应付裕如:

> 如果丈夫就在近旁,莱斯比娅总对我恶语相加,

>他听得心花怒放,这个瞎眼的老傻瓜。
>白痴啊,你不知道她责骂我是对我难以忘怀,
>默默无语才是不为情动。
>现在,她的所有嘲笑与奚落都证明她从未忘记。
>哦,还不止那些。在她的愤怒中,
>我看到一颗燃烧的心——她为我燃起情火熊熊。

但是初堕情网的颤抖和难以置信的狂喜已经消失。卡图卢斯一直提心吊胆。她会来吗?还是不来?什么时候、在什么地方、怎样来?他因为痛苦而变得易怒:

>莱斯比娅整日嘲笑我,喋喋不休。
>但是,我发誓她只爱我一人,否则就让我去死。
>我如何知道?只因我爱她。我从早到晚嘲笑她。
>但是,我发誓我只爱她一人,否则就让我去死。

令人欣喜若狂的时刻静静到来,但在此过程中,在内心深处,满是恐惧:

>我的挚爱啊,我的生命,我的一切,
>你说我们的爱情将获得永恒。
>我们之间是无穷无尽的爱之欢乐。
>全能的诸神啊,请赋予她许下真诚诺言的力量,
>让她对我只说真话,向我倾吐肺腑之言。
>那样我们就能彼此忠诚,一诺千金,
>用神圣的纽带联结,永远相爱。

这首诗代表了卡图卢斯爱情的巅峰，也是他那与爱情紧密相连的生命的巅峰。然而，他已经尝到了怀疑的痛苦。他渴望信任，他无法平静。在诗行中，他融入了真正的情人必然能感受到的伟大爱情的圣洁——不管这场爱情的背景中有个丈夫还是其他任何事物。心里怀着永远忠诚的爱情，就会觉得爱情本身就是相爱的理由；终其一生，卡图卢斯都只爱莱斯比娅。

他相信这同样神圣的纽带也联结着她，但很快他就从这最高点跌落。无疑，这熟透了的世故女人很快发现，作诗人的理想情人是件费劲的事儿，某种并不是崇高爱情的东西更适合日常生活。她厌倦了永远都那样心醉神迷。必须想象一下，当第一次意识到莱斯比娅不忠时卡图卢斯有多痛苦。如果他为此写过诗，那么它一定没有流传到我们这个时代。或许，这种痛苦太过可怕，即便诗人也无法将它写出。但卡图卢斯非常年轻，也非常渴望幸福，并且因为真爱的谦卑而变得柔顺。她是这么伟大，这么令人倾倒——他怎么指望她只做他的情人？她，这位不可思议的妇人，爱他最切，难道他还不心满意足？于是，卡图卢斯写道：

> 我的光，我的爱，到我的怀中来，
> 丘比特伴着她，快乐地围绕她舞蹈，
> 这个神采奕奕的男孩，裹着藏红色斗篷。
> 那些日子已流逝，如今卡图卢斯一人再无法让她满意。
> 她去到别人身边——只有寥寥几人——我能原谅，
> 我不像其余的人那般傻，用嫉妒的抱怨把她烦扰。
> 因为她并非名正言顺，由一位父亲带到我身旁，
> 带到我的住所——这些房间，弥漫着亚述香的芳馨，

> 透过这芬芳,夜晚慷慨赠予我爱情,
> 那是她偷来的礼物,掠自丈夫的心中。
> 所以这就足矣,如果我——我——能和她在一起,
> 那幸福的日子,在她心里熠熠生辉。

然而,莱斯比娅习惯享受各种各样的娱乐。她从不想把自己受限于"寥寥几人",卡图卢斯的谅解她越来越不在乎。从那以后,他将生活在狂热的地狱之中,那是受到亵渎的狂热激情的所在。在他经受最初的痛苦时,他写了两行诗,简洁的文辞传达了那种体验:

> 我既恨又爱。为什么会这样?怎么会这样?你或许会问。
> 这我全不知道。我只知道我的感受。我备受折磨。

现在他认清莱斯比娅了,她的甜言蜜语从此毫无意义:

> 女人躺在需要她的情人怀里说的话
> 就像写在风的翅膀上,投入潺潺流水中。

他什么都明白,但他无力自拔:

> 莱斯比娅,你曾说无人理解你,除了卡图卢斯,
> 神灵也不能把我取而代之——即使是朱庇特自己。
> 那时我爱你,不是像群氓爱情人,
> 更像父亲爱儿子——你在我心中如此珍贵。
> 现在我才真正了解你,却让我情火更烈,

>但我已看清你,渺小、狭隘又粗鄙。
>什么?你无法理解?你待情人不公,
>迫使他爱你更甚,我亲爱的,但他不再珍视你。

他远离了那个青春的鲜活的销魂世界,那个他曾凝视鸟雀嬉戏的世界。他才二十出头,却再也没有进入那个世界:

>这都是你的过错啊,我的莱斯比娅,
>你将我带到这十字路口,爱的责任在此将爱毁掉。
>因此我无权希望你是妇女中的佼佼者,
>但在你做了那一切后我仍无力停止对你的爱慕。

尽管有这一切苦涩的痛苦,可她显然一直试图在挽留他,但完全放弃的那天终究到来了。她和他做了了断,他在自己被激情撕裂的、绝望的年轻心灵里,找到了面对现实的勇气:

>可怜的卡图卢斯,现在就结束这疯狂的荒唐事吧,
>你看到的已死,就该承认失去,可怜的傻瓜。
>金色阳光曾经为你而灿烂,
>那时你只去一个姑娘爱去的地方,
>你对她爱之至深,再无人能与此相比。
>那时两情相悦,快乐无限,
>你想要的她也喜爱。
>那时金色阳光的确为你而灿烂
>如今她不再需要,而你也不要意志衰弱。
>当她逃离之时,你会追随而去——还是凄惨苟活?

现在下定决心，意志坚韧如铁。
别了，我的姑娘，卡图卢斯硬着心肠。
不再追逐，不再祈求冷漠勉强的你。
当无人向你祈求，就会轮到你受苦。
啊，你多么邪恶。现在等待你的是什么？
现在谁还去找你？谁还会觉得你美丽？
现在你还愿爱谁——发誓说他是你的唯一？
和谁亲吻，吻得情真意切，咬破他的唇？
但是你，卡图卢斯，硬下心来吧，结束一切。

    他深爱着的兄弟不久前在遥远的东方死去。他为兄弟感到的悲恸，他的老父对他的需要，他的需要改换环境的病体，都在召唤着他离开这座痛苦的城市回到家乡，于是他回到维罗纳。在家乡他经济拮据；为了摆脱困境，他从一位即将赴任的新总督那里获得一个职位，于是登上马车前往东方。他仍然穷困潦倒，那个行省已经被追求财富的罗马人搜刮一空。但他确实实现了一个宏愿，他来到兄弟的墓前，写下一首诗，这是他的一流作品，显尽内心的温柔：

我跋山涉水远渡重洋，
只为站在你墓前，兄弟啊，为失去你而哀悼。
向你的亡灵最后献上眼泪，和死别的哀辞，
眼泪洒向冷漠的大地，哀辞献给沉默的死者。
但命运从我身边夺去你，夺去你自身，
可怜又可爱的兄弟，正当青春便与我分离。
我此刻举行的仪式，祖祖辈辈传自古昔，
献给亡者的哀悼，亡者理应得到。

> 请从我手上接受最后的祭献,它已被兄弟的泪水沾湿。
> 永远的敬礼,我亲爱的兄弟——永别了。

但是,他的爱情故事还未结束。莱斯比娅召唤他回去。或许是他自己去的罗马,部分是出于想见到她的狂热需要。然后——一天她在人群里遇见他,看见他带着一脸憎恶和谴责避开她,于是突然恶作剧似的决心向他展示她的力量——或许也是向她自己展示,她年近四十,需要找回信心。于是她轻挑玉指,向他挥动,他在她脚下屈服了:

> 当绝望之时,饥渴的心灵获得它欲望的东西,
> 在漫长的失望后降临,那——那——是最大的快乐。
> 因此,极乐中的极乐、富中之富降临到我头上,
> 把你自己啊,莱斯比娅,赐给我的欲望。
> 你回到我无望的欲望,将你自己给我,
> 啊,那一日的光明,对于我,以辉煌为标志。
> 那个比我过得更幸福的人在哪里——只有我自己?
> 除了人生所赐,谁还能向诸神祈求更多?

重归于好没能持久。帕拉廷山上的宅邸已非从前。善良、愚蠢的梅特鲁斯已死,有关他死亡的离奇故事广为流传。吓破了胆的人们不再造访,也没人怀念他们。那是欲望膨胀而无节制的宅邸;事情一件更比一件奇。在那里遭遇的苦痛,卡图卢斯没有再写入诗句。凯利乌斯·茹福斯是他的密友。当她喜欢上茹福斯,把他带入闺阁生活时,卡图卢斯最终看到了结束。他放弃了,这次是永远:

难啊——将珍爱多年的恋情一刀两断多么困难。

是的,这很难,但你必须如此。

不管用什么方式,现在就将它结束。

这是你唯一的救赎,你必须打赢这一仗——成为胜者。

  你应该这样做。不管你是否能够。

   你必须如此。

诸神啊,如果你们心怀慈悲,如果你们

 在生命之末端,给遭受打击、陷入死亡之痛的人带来帮助,

那就看看我的悲惨,拯救那个发誓生活中

没有罪恶的人。

 从我的血液中洗尽这瘟疫,让我干干净净

  没有这种污迹,

它们就像我体内缓慢的腐烂那样爬行,在我身上、骨头里,肌肉中。

我的心里再没有快乐降临之处。

我如今再不祈求她再次爱我如我爱她,

不再祈求无能为力之事,祈求她变得真挚。

我会康复,从这玷污我的病痛折磨中站起来。

 诸神啊,只需将这个赐予——赐予你的崇拜者。

他还只有一两年活头。在生活中,和在爱情中一样,卡图卢斯都是情人之典范,他英年早逝。从他的作品中我们能听到折磨着他的咳嗽声,这很适合陪伴一颗破碎的心。就在去世前不久,在那场审判和克劳狄亚随之愈加放肆之后,他在给凯利乌斯的信中这样写道:

> 凯利乌斯,莱斯比娅——她,我们的莱斯比娅
> 啊,那位独一无二的莱斯比娅,
> 是卡图卢斯独一无二的爱人,是他最珍爱的一切,
> 如今正走遍通衢大道和偏僻小径追寻情人,
> 从罗马所有高贵伟大的儿子兜里掠夺金钱。

关于克劳狄亚和她的诗人,这些满怀痛苦又辛辣无比的词语是我们所知的最后记载。

第八章
贺拉斯

贺拉斯已躺在流水潺潺、芳草萋萋的河岸,
另一位美人儿正要为他编织花环,
给他的杯子斟满金色美酒。

有些人命当短寿。卡图卢斯就是其中之一。人们实在很难设想他可以活到高龄，纵是铁石心肠也不会希望他果真如此。在他三十年奇诡人生中，他的经历感受超出了绝大多数耄耋之人。对他而言，万事都走极端，任何形态或形式的节制都不可能。像他那样生活，人们没法不感到精疲力竭。人无法长期如此高强度地生活，卡图卢斯本也会在寿终正寝之前早早耗尽生命。说到底，命运对他还算仁慈。

　　但另有一些人，任谁都希望他们能长命百岁，贺拉斯就排在这种人的前列。他自己也乐得安享天年。他拥有令人愉快的天赋，能够敏锐地欣赏生活中一切最简单的快乐：芳草萋萋的河岸，冬夜熊熊燃烧的炉火，一把成熟的橄榄，天空，阳光，还有凉爽的清风。可以很有把握地断言：我们选定的这些流芳百世者，十有八九都有这种天赋。再没有比这更能让人延年益寿的了——不管对拥有这种天赋的人还是对别人，都是如此。

　　随便什么日子，谁不希望看见贺拉斯穿过大门走进自己的房子呢？瞬间一切都会显得更加惬意，开胃饮料味道更好了，扶手椅更松软了，甚至病弱者居住的温暖房间也会平添几分活跃。而且谈话从不以他自己为核心。每次有人想这么做，都会遭到他轻快幽默的反对和回避。坐在你的扶手椅中，贺拉斯是最能让你畅所欲言的倾听者——但你若是吹牛皮，就有被俏皮的讽刺的飞镖刺穿的危险，不过，虽然锋利尖刻，它却不会伤人。

而且，如果你深陷窘境，如果你花钱如流水，或者与一位重要的邻居吵架，或者冒犯了你的雇主，或者还与旧爱藕断丝连又另寻新欢，那么，你都会发现贺拉斯是最善解人意的人，最机敏也最世故的顾问。

贺拉斯是世间的完人：宽待一切，但又从不卷入其中；能与所有人和睦相处，在任何地方都不刻板拘束；乐于享受任何趣事，反对所有令人烦扰的激情，超然地看待世间万象——而且几乎无时不能找到笑料，让人莞尔。这样的描述不像是说一位诗人，确实，如果论疯狂或纵情，没人比贺拉斯与这一切更不搭界了。在这个清醒、冷静、匀称均衡的头脑中没有丝毫疯狂。他就像是本杰明·富兰克林摇身一变为诗人，或者更确切地说，他是满肚子诗意的蒙田，因为他从未沾染任何乡里习气。他是一位诗人，而他的特点是拥有常识，而能融二者为一体如贺拉斯者，前无古人，后无来者。

当西塞罗去世、罗马陷入其历史上最可怕的内战时，贺拉斯刚满二十一岁。在整场争斗中，他一直站在布鲁图斯一边，与他一起战斗，直到共和国事业最终失败，奥古斯都和安东尼成为世界主宰。贺拉斯回到罗马，满心失落，即便那时他仍不过是个孩子。他发现自己那份小小的地产已被没收，自己一文不名。一个可怕的开端，这本来会让许多拥有卓越才能又极度敏感的人变得内心矛盾重重或厌倦尘世。贺拉斯年轻时的作品带着一丝苦涩，有时甚至是残酷,这表明变得永远乖戾或人生坎坷的危险离他有多近。但他很快度过这样的心境。他的做法是面对现实:共和国已死,而奥古斯都仍然活着。他为自己谋到一份书记员的小小公职。从此以后,他再没有作为共和思想的支持者出现在自己的任何著述中。恰恰相反,他把奥古斯都吹捧上了天,除了在罗马帝国,在其他任何时代,他的赞美都会被视为令人难以置信的过度谄媚。然而,贺拉斯的读者注意到这些事实,对他却没有丝毫非难。在了解贺拉斯的人当中,谁也不会把他当作趋炎附势者而轻视他。他不是那种人。他是个具有超凡判断力的人,他明白共和国消亡已经不可挽回,帝国时代已经来临并将维持下去。他不愿用一生徒劳无益地妄图让历史倒流。他早期的痛苦和失败经历本来会让大多数人终生怀恨,在效忠对象的转变上本来也很可能让他的精神陷入怯懦和奴性。但贺拉斯最终却怀着成熟的平静和不可动摇的独立,走出了过去的阴霾。要获得这样的胜利,必须拥有平衡的精神,拥有世上最罕见的品质之一——智慧。

在给贺拉斯如此之多如此沉重的打击之后,命运变得仁慈起来。奥古斯都那位权倾一时的大臣梅塞纳斯遇见贺拉斯,立即喜欢上了他——尽管贺拉斯说自己在第一次见到梅塞纳斯时非常腼腆,一说话就结巴。这次会面的结果是维持了三十年的伟大友谊。梅塞纳斯比贺拉斯早去世几个星期,他在临终时请求皇帝:"像关心我一样关心昆图斯·贺拉斯·弗拉库斯。"贺拉斯的麻烦结束了。梅塞纳斯的圈子对他敞开了大门,圈内都是当时最优秀的人;梅塞纳斯的钱袋也向他敞开了,足以满足贺拉斯简单的生活需求;他自由了。这是他可以随心所欲做事的世界。

贺拉斯的追求从未动摇。在一篇早期作品里,他写到自己向著名的法官、西塞罗的通信者之一特雷巴求斯寻求建议:"'指点指点我吧,特雷巴求斯。我该做什么?'特雷巴求斯:'保持宁静。'贺拉斯:'你是说不再写诗——一个字都不写?'特雷巴求斯:'正是。'贺拉斯:'的确是高明至极。但我没办法一直酣睡不醒——不,这办不到。每个人都有享受生活的独特方式,对我而言,把词句变成韵律就是乐趣。多谈无益。不管等待我的是宁静的老年,还是现在就有长着黑翅膀的死神围绕我飞翔,不管是富是穷,不管是在罗马还是——如果命运如此安排——流亡他乡,不管我的生活会怎样,是光明还是黑暗,我都要写作。'"

三十年中他一直是这么想的。在那些年里,他一直"在纸上舞文弄墨"——他这样说自己的写作,此外再无他求。然而,如此笔耕不辍的成果只是一本薄薄的小册子。罗马风尚中有个很好的优点,在作品数量上对贺拉斯没有任何要求。他从没有多写几页就会多赚点钱的想法。在罗马的社会体系中,追求文学与追求金钱在很大程度上是分开的。就贺拉斯而言,这跟当时的风气很是相合,因为他生来就有言简意赅的天赋,这点无人能及。他可以随心所欲地自由写作,结果,他的诗歌成了韵文中的上品,就像经过蒸馏一样,篇篇都是精华。自始至终,贺拉斯在给未来的作家提出的大量建议中,"简洁"都是首义:"这样思想就不会自己挡住自己的去路,被那些沉重得令人生厌的词句阻碍。"还要永远记住:"删掉的应该多于留下的。"

贺拉斯把自己的教诲付诸实践,即使在那些诗歌以外的韵文,也就是压韵的散文里,也同样如此。这些作品被称为讽刺集和书札——贺拉斯自己称之为谈话集和书信集,这些名称更适合它们不拘一格的形式——占到他全部作品的一半。它们毫无争议地证明了贺拉斯对自己的评价是正确的,他热爱"把词句变成韵律"。此外再找不到其他原因来解释,他为何没用散文体写这些作品。它们是些散漫的小文章，涉及世间万象：许多是优秀的文学批评，有些则不是；有些令人厌烦的教科书式的说教，有些则是至理名言；有许多有关教育的明智评论，有关烹饪的也同样不少。他讨论伊壁鸠鲁和斯多葛派哲学，非常详细地讲述旅行中遇到的倒霉事，取笑一个无聊者说话的方式，以常识考量古希腊诗歌，等等，全都接近散文体，仅仅依靠他令人钦佩的简洁才避免了枯燥。为什么贺拉斯不利用西塞罗留给罗马文学的杰出体裁，把它们写成短小的散文随笔？如果不借着贺拉斯自己的话，这将是难解之谜。

贺拉斯喜欢创作平滑流畅的韵文，韵律越复杂，他越是自得其乐。用自己的手，把古希腊抒情诗的众多变化无穷的韵律转变成拉丁文——真正的绝活——在贺拉斯而言是一种乐趣。他写的头十一首颂诗用了十种不同的韵律，彼此绝无雷同。他在运用这些错综复杂的韵律方面的润色和纯熟的技巧，以及他娴熟的手法，都为他所特有，无人能敌。但贺拉斯并没有吟唱的天才，唱出那种"宛如从鸟儿喉咙里涌出的歌声"——在我们看来，这或多或少算是抒情诗人的天分——非贺拉斯所长。他完全否认自己具有这种天才。他告诉我们，才思泉涌非他所有。他创作诗歌靠的是"刻苦勤奋"。

在写作者中，贺拉斯是最灵巧的技巧大师。词句是他酷爱之物。"有时，"他在讨论到写作时说道，"美妙的字眼会不期而至。"这些字眼确实不断出现在他的作品中。"巧妙的结合会让熟悉的字眼显得焕然一新。"他这样写道，并且对他称赞有加的技巧很是在行。他是个敏锐的诗人，用词臻于完美。他表达的内容或许微不足道，但表达的方式却让人心醉神迷。哈姆雷特嘱咐霍拉旭

> 暂时牺牲天堂的幸福（absent thee from felicity a while）——ⁱ①

这些字句体现了诗之绝美，但这种美只在这些字句之中，在表达而非思想。运用不同的词语，就会诗意全无，如"暂时避免幸福（Refrain from happiness for a while）"、"暂且退出快乐（Withdraw temporarily from delight）"——这两个陈述都没有丝毫惊艳之处。但是，请看：

> 生死都不可勉强，人应该耐心忍受天命的安排，静待时机成熟。ⁱⁱ

不管用什么字眼，其中都有某种不会完全丧失的韵味。

只需稍加改动，就会让最美妙的诗句降格为散文："当天风海浪做他的摇篮"ⁱⁱⁱ；"穿过葱绿的幽暗和长满苔藓的曲折小路"^{iv}；"在那冰冷、如玻璃般透明的海浪之下"^v。但是，正如糟糕的翻译也能传达出卡图卢斯炽热的情感，同样，字句的转换也不会抵消这样的激情：

> ——我如此爱你，
> 如果想起我会让你悲伤，
> 我宁愿你甜蜜的思想将我遗忘。^{vi}

---

① 【译注】这几段中的引文出处如下：i 莎士比亚：《哈姆雷特》第五幕第二场；ii 莎士比亚：《李尔王》第五幕第二场；iii 莎士比亚《亨利四世》下篇第三幕第一场；iv 济慈：《夜莺颂》；v 弥尔顿：《酒神之假面舞会》；vi 莎士比亚十四行诗之八；vii《圣经·旧约·约伯记》；viii《圣经·新约·歌林多前书》。

"你只可到这里,不可越过,你狂傲的浪要到此止住"[vii]或许可改写为直接的地理描写,但独立于特定表达的诗歌的真理仍在其中:"我若能说万人的方言,并天使的话语,却没有爱,我就成了鸣的锣、响的钹一般。"[viii]

那样的诗歌法则在贺拉斯的作品中找不到。他的思想顶多也只能算明智,而且十之八九都是常识。他谈起自己的讽刺诗时说过,"改变用词顺序就会诗意全无";从某种意义上说,他的所有作品都是这样。重要的从来都不是他说的是什么,而是他怎么说。出于这个原因,对那些不会拉丁语的人来说,贺拉斯是最难以描述的拉丁语作家。他的诗歌完全无法翻译,所有那些崇拜贺拉斯并试图将其诗歌翻译成英语的人——其中不乏非常杰出的人物——都不过是依次证明了这个事实。

也许有必要指出:下面的例子全是相同诗句的译文,而且出自贺拉斯最著名的诗歌——这一点如果不说明,显然无法推证。

艾迪生是这么翻译的:

> 这人下定决心,坚持自己的职责,
> 面对邪恶不屈不挠,刚正不阿,
> 让那粗俗的乌合之众傲慢地轻视
> 他们愚钝的喧嚣和吵闹的呼叫。
> 他哄骗僭主的狂暴,
> 怀着超凡脱俗的伟大面带微笑。

班扬的译文是:

那人的灵魂坚定而高贵
任何内讧的喧闹都无法支配。
任何凶险暴君的阴沉表情
都无法动摇他公正的决心。
即使那控制了亚德里亚海的狂飙
妄想恐吓他固执、坚定的头脑也只是徒劳

格拉德斯通也小试身手，于是这几行诗就变成了：

那个公正的人意志坚定
疯狂的群氓无法让他屈从于邪恶。
即使是强大暴君的疾言厉色、
狂野的南风、变幻无常的亚德里亚之主，
甚至手握闪电的宙斯
也无法动摇他坚定不移的精神。

因此，这个情况表明，除了拉丁语学者，贺拉斯对其他人仍是合起来的一本书。贺拉斯去世后不久，一位崇拜者说他的作品拥有的"精妙措辞"从来都无法翻译成其他语言；没有新的真理的光芒，没有揭示人类内心的隐秘，诗人开口，芳华尽现。

认为诗人是充满激情与灵感的造物、是情感与想象力的融合，这个观点必须修正。贺拉斯可不符合这种类型。激情与常识水火不容。激情的地位更高——要么更低；无论如何，它们都不在同一层次运转。堕入情网之人，不管其本性与愚行相隔多远，都会暂时变得痴癫。贺拉斯从来都是激情收敛的诗人。不错，他的诗歌的确时常饰以他声称自己拜倒在裙下的女士们的芳名：菲利斯或丽丝或契娜拉、丽乌科诺或皮拉或克洛艾,格里塞拉或妮尔拉或拉拉格,还有其他许多人;她们中有些人——这些名字的数量之多只能让人得出结论认为——只存在于贺拉斯的诗行里,是否真有女人让他费神,实在令人怀疑。所有迹象表明,贺拉斯从未陷入我们所说的情网。在我们看来,恋人们必定会浪费至少一点点时间在绝望之中,何况恋爱着的诗人,可贺拉斯从未如此,他从未感到哪怕一丁点儿绝望。他与她们所有人度过的时光都极其愉快。贺拉斯的爱情观是,爱应该增添生活的乐趣,而这显然只是他的一厢情愿。他必定拥有熟练的技巧,从一个可爱的女士那儿脱身而转向下一个,因为他作品中没有丝毫迹象表明这种行为伴随着的通常后果:眼泪、痛责、一颗或两颗破碎的心。事实上,和贺拉斯面对面时,她们都有些举止失常。他一出现,她们往往马上显得非常怪异,很是失礼。痛苦的姑娘们发现,自己一直心情欢畅,不觉分别已经到来,最后独自垂泪,耳畔只留她下回如何行止的中肯建议的回响。而贺拉斯已躺在流水潺潺、芳草萋萋的河岸,另一位美人儿正要为他编织花环,给他的杯子斟满金色美酒。

  才子们的努力得到的沮丧结果警示了现在的作家们,他们不愿冒险将任何一首贺拉斯的颂诗翻译成英文,以展现他对这种伟大情愫的态度。不过,关于贺拉斯情诗的非常精准的观念可追溯至16世纪的英国爱情诗。17世纪的人倾向于将宗教与爱情混杂,再没有比这与贺拉斯更格格不入了,但在此之前一百年,人们却再现了贺拉斯对爱情的态度,并且往往是自觉的。贺拉斯对16世纪的英国诗人影响深远,原因是,从根本上说他们以相同的方式看待生活和爱情。当然,这种比较只在很有限的意义上才成立。贺拉斯诗歌的优雅和魅力,16世纪诗人中的最优秀者也无法望其项背,但他们以同样的方式感受爱情,他们的作品比任何翻译都更接近贺拉斯。李莱的《丘比特和我的坎帕斯珀玩耍》（Cupid and my Campaspe played）仿佛一字一句都是贺拉斯写就。马洛的《深情的牧羊人致恋人》（Passionate Shepherd to his Love）也恰好表现了贺拉斯眼中的激情：

> 来做我的爱人吧，和我生活在一起，
> 我们将证明所有快乐都来自
> 山岭与河谷、溪流与田间
> 或树林以及陡峭的山巅

德雷顿也常常追随贺拉斯的风格：

> 看看，
> 在为你而生的烦恼中我变得多么越来越容忍；
> 好啦，美妙的人儿，别再扰乱我心
> 没有你我无法生存。

当丹尼尔写出下面的诗行时，他不过是仿效贺拉斯：

> 尽情玩乐啊，可爱的姑娘，在这样的时节
> 学会在花儿凋谢前将它采撷——

说实在的，除了莎士比亚的十四行诗以及其他少数几首诗歌以外，整个16世纪的爱情诗都在模仿贺拉斯：

> 现在，让炊烟冉冉升起，

> 杯中美酒流淌，
> 用巧妙的词句赞美
> 和谐的天神。
> 现在点燃橘黄色的烛光，
> 翘首企盼甜蜜的爱人——

那正是贺拉斯笔下爱人们的乐园，简直跟他亲手写出来的一模一样。

常识或许不一定破坏想象力，但当诗人们真正为灵感激动要振翅飞翔时，常识就会是沉重的负担。贺拉斯从未驰骋想象，他是最少激动的诗人，他也总是能意识到这一点，且心安理得。对于维吉尔，还有当时其他高高在上的史诗和悲剧诗人们——只有他们的名字至今流传——贺拉斯推崇备至；至于自己，他只想要尘世间愉快的生活方式。可以确信，他对那些非凡的希腊大师的敬仰多于爱戴。他嘱咐年轻作家整日整夜地阅读他们的作品，但是，冷静的头脑为他指明了属于自己的羊肠小道，他从未偏离这个方向，且心平气和地相信，古希腊诗人拥有的崇高地位并不属于他："就像河流从山间飞流直下，在拐弯处，声音洪亮的品达威力强大……【或者】一阵狂风将他卷入云端。我就像忙碌的蜜蜂，在第布尔水域宽阔的岸边和小树林周围，采集甜蜜的野生百里香。即使渺小辛劳如蜜蜂，我也创造了自己的歌谣。"

这就是贺拉斯对待自己工作的态度。再没有哪个诗人比他更少狂傲，不过，尽管调侃式地自我贬低，贺拉斯深知自己的力量所在，他知道自己已经"竖起一座纪念碑，比黄铜更久远，比正在崩塌的宏伟金字塔更巍峨"，而且，"只要大祭司和女灶神的处女还会登上朱庇特的神殿"——这些信手拈来的轻描淡写几乎令人啼笑皆非——就会有人阅读他的作品。

有几次，他对自己天赋的自觉意识战胜了他发自内心的一贯谦逊，不过只有那么一两回。再多几分狂妄与自足，他就不是那个总让人愉快的贺拉斯了。所有那些无法阅读其原作的人，只是坚信他的天才，但不管谁，哪怕只看过最糟糕的译本，也会窥见他讨人喜欢的一面。译者那些误导的工作也不会妨碍其感受到这点。

首先，贺拉斯是个迷人的矛盾体，是既享受奢侈生活又完全超然独立的人。他的味觉从未浪费一杯陈酿的迷人酒香，也不会辜负流行的异国佳肴，它们算得上是美食家的最爱。贺拉斯非常了解，用酒淹杀的鸡比用一般方法杀死的鸡味道更鲜美，气候温和时比赛冷时捕获的猎物口感更好，下弦月时最适合采摘水果，要在配制鱼子酱的过程中使用希腊酒。不过，与其说这种精致让他快乐，不如说让他自在，他最喜欢的是，"我自己的一锅韭菜和豌豆加一小片面包，只需三个奴隶【!】伺候我。一张白色石桌上摆着两只碗和调酒杯【酒和水调在一起——往往是海水——有点阿波里纳矿泉水的味道】、一只大水罐和一个普通的陶盘。然后就无忧无虑地酣睡，在床上一直躺到十点钟，没有什么人事把我早早赶出家门……就这样我过得比世界上最幸福的人还幸福。"

诸如此类，日复一日，没有丝毫做作矫饰。这不是那种穷奢极欲、厌倦了享乐生活的城市人，为再没什么东西还能带来刺激而伤感。恰恰相反，这是心灵赋予的自由，能从内心找到快乐的持久源泉，而不需要外在刺激——当然，也需要来杯美酒，更准确点，一坛美酒。在这点上，贺拉斯不容反对。对美酒的好处和它带给人的乐趣，贺拉斯十分肯定。"若非畅饮玉液琼浆，怎能写出欢愉辞章千古传唱"；"别在那神圣的葡萄跟前种树啊，瓦卢斯，根据神的意旨，对于口干舌燥之人，一切都很严酷"；"啊，我随着一瓶美酒来到世间，它值得在欢乐的日子捧上桌来，此刻摆在我们面前，烈酒那温和的辛辣啊，没有你可让人怎么挪步"。美酒是贺拉斯最热情洋溢的诗歌描写的对象。

不过，什么酒都能让贺拉斯感到满意。梅塞纳斯送给他一座乡村住所——贺拉斯的萨宾农庄，文学史上名气最大的农庄，贺拉斯过上了朴实的乡村生活，他欣喜若狂、喜不自胜，一首接一首的诗歌源源不断地喷涌出来："这是我的祈祷：但愿我拥有一片土地，不要太大，一座花园，房屋边上一眼永不枯竭的清泉，不远处一片小树林。诸神所为已超出所愿。万事皆足。我别无所求。"他对这个农庄怎么写都写不够："在我房子那装有饰纹的屋顶上，没有名贵的藤蔓也没有黄金闪耀，更没有海默突斯的大理石……我的要求从不多于我之所有，我那唯一的萨宾农庄就是幸福之所在。"这是"世上属于他的角落，最先向他微笑"。他祈求"那带着弯曲小竖琴的神"："诗人向神圣的阿波罗要求什么？不是在肥沃的撒丁岛要一畦富饶的农田，也不要印度的黄金和象牙。橄榄树是我的食物，来自田野和花园的柔嫩芳草把我滋养。拉托那之子啊，让我享受我的所有——只要头脑永不衰弱，老年就永不会到来，也永不失诗情。""有些人不曾拥有，"贺拉斯写道，"也有人对拥有毫不在意。"

这种谦和态度是贺拉斯的天性；这也符合他理智的信念。他不是随波逐流敷衍应付的人。只有处理情事例外。他是一位严肃的生活观察者。他生性喜欢追求幸福，也强烈地渴望幸福；然而，出于天性的必然，只在把事情想透时他才会发现幸福。他必须立足坚实的基础；他不能也不愿让自己受无法控御的盲目命运摆布。对他来说，这种方式不合理智，充满悲苦。他拒绝充满悲苦地默默忍受不理智的生活。他坚持在事物的本来面目中寻找意义，唯其如此，才有可能平静地应付生活中的忧虑和麻烦、困难和危险。冲动在宗教里起了重要作用。贺拉斯的确与我们理解的虔诚本性相差很远。他从没有一刻产生过超越我们的日常主题而升入光耀顶点的奇怪念头。作为凡人，他对神秘的认知从未超出诗人的高度；但贺拉斯拥有一种宗教，尽管它只是由常识构筑而成，而且只适于满足简单的需要。

罗马当时的正式宗教，几乎没有流传下来，也没有什么诉诸理性的内容。皇帝差不多是唯一真正的、实际的神。但古希腊思想仍然进入了罗马。当时出现了柏拉图式的求真者，这种真理不是产生于神祇外化的林地、河流和大海中的美好形象，而是产生于人类对自身内心的发现。贺拉斯从这种哲学里吸取了适合自己的东西，并在此基础上确立自己的生活。

他告诉自己：幸福和痛苦，都是内在的情感，而非外在的事实。那么，从根本上说，它们就在我的控制之下。对命运赋予我的东西，我无能为力，但如何接受命运的赐予，我能完全自主。因此，我就可以赋予自己的精神以秩序——不管命运如何狂暴，我都能让自己的内心静如止水，不为所动。"你知道吗，朋友，我对自己祈求之物有何感想？不要前后摇移，犹疑时刻抓住希望。神会赐予这样或那样——生命——财富。我自己将只求灵魂安宁。"

这里隐藏着生活的整个秘密。唯一紧要的事情是我们自己。"傻瓜，"贺拉斯写道，"才挑剔环境。错不在那里，而在精神，而且它永远无法逃避自身。"这是他根本的思想，并曾以数不清的方式来表达："他们改变了天空，但没有改变精神，它在大海上驰骋。你追求的事物就在此处，在每一个僻陋的村庄，如果你有均衡宁静的天性。"他总是规劝人们，"准备好做你自己的朋友"。

获得这种均衡、这种 equanimity【镇静】——这是贺拉斯融合两个拉丁词来表达这种观念的用语——的良方，就是生活在审慎的限度之内，祛除人欲，放弃群山之巅和危险的狂喜，永远且总是首先选择安全。这就是贺拉斯的"黄金中庸"法则，遵此法则者既可避免过于堂皇而招人嫉妒，也不会——既然他从不冒险——陷于无助而悲惨的危困。为了人生之旅风平浪静，不管风向如何，都要收帆慎行。"即使智者也会变成愚人，"贺拉斯写道，"如果不知餍足地追求美德本身。"

因此，保持完全的平衡，不受希望或恐惧所扰，人就能够在当下，在每个转瞬即逝的时刻完足地生活——不管什么情势，不管我们乐意与否，也不管未来如何强烈地催迫我们。"如果有人能够在一天结束时说，我在生活着——不论明天是阴云密布还是阳光普照，他就是自己的主宰，活在幸福中。即使朱庇特自己也无法抹去即将发生的哪怕一件事情，他也无法让已被飞逝的时光带走的事物消逝或重生。"生命中唯一确定的事情是死亡，"苍白的死神会用同一只手，公平地叩开穷人的茅舍和国王的城堡"，而且"生命的短暂历程容不下久远的希望"。那就"相信每个黎明带给你的是最后一天"吧，"何不背靠高大的悬铃木，要么就是这棵松树，全身放松，用玫瑰花环装饰柔发，让阿拉伯香料散发出甜蜜的芬芳。小子，快快从欢畅的小溪汲些水来，浇灭我们对酒酿的热情，再去叫莱德。让她带着象牙竖琴赶紧过来"。贺拉斯显然注意到卡图卢斯对情人莱斯比娅说的话，这些话在他内心深处激起了回响："月亮在天际疾行，历经阴晴圆缺。当我们前往巨大的死神经过之处，我们不过只是尘埃与阴影。今日之后，谁知道诸神是否还赐予我们明天。"

这就是贺拉斯的哲学，宽泛地说，也是入世者的宗教。这是哀伤的宗教，因为它强调的只是莱德和她的竖琴以及令人愉快的河岸。全身心投入这种宗教的人，总能够给其他人带来欢乐的气氛，而他自己却受忧郁所制。再没有比这更迷人的结合。内心的悲伤缓和了快乐，让它显得温和，且无比可爱。这是真正的欢悦；祈求怜悯，无论多么含蓄，都是致命的败坏，但这却也表明，有种灵魂敢于直视黑暗而不气馁，只是为命运的安排感到痛彻心扉的遗憾。这是贺拉斯拥有无穷魅力的秘密，是存在于最深处的秘密；这也是后人像他的同时代人一样挚爱他的原因，比他所有巧妙的措辞和韵律都更为重要。在贺拉斯去世后不久，一位虔诚的崇拜者写道："接纳他，他就会贴近你的心灵。"——他总在游戏，又总是贴近心灵。

不过，贺拉斯是个可叹的矛盾体，从没有一个诗人像他这样惯于说教。诗歌和说教格格不入；当说教者登上布道坛，诗人的特质往往会远去。贺拉斯对这个事实无所察觉；没有一个罗马人对此有所察觉。罗马人的观念是，只要符合韵律，说教得越多，就越是伟大的诗人。用六步格诗歌滔滔不绝讲述道德——当然，还有爱国主义——是诗人的最高成就。贺拉斯的说教在多大程度上出于自然，又在多大程度上为罗马所强加，现在没人清楚。身为罗马诗人，他必须出版诗歌服务国家，敦促公民履行义务。人们并不真心讨厌贺拉斯在《讽刺集》和《书札》中的说教。他公开以说教者身份写下这些作品，而且往往充满智慧，令人愉快。但是，在他的颂诗中，在那些可爱的诗歌中，人们读到讨论诸如此类事物时的愤怒："这几百年对婚姻、民族和家庭的贬低，是种犯罪。腐坏产生于这个根源，毁灭了国家和人民。女孩豆蔻年华，却学着情色舞蹈动作满心欢喜。"或者"如今，大片的豪华建筑旁，已没有多少为犁铧留下的土地……在罗穆卢斯或满脸胡须的加图统治时期可不是这样，根据古人的箴言，也不应如此安排。他们的私产清单很短，公共财产却很多"。或者"缺乏智慧的力量，会被自己的重量压垮"等等，只有在智慧的指导下，力量才能够带来最完满的结果。还有大量笔墨，讲述如何世风日下，以致已经没有什么希望的今天："我们的父母不如我们的祖父母，生下的我们比他们更糟，而我们养育的后代还会犯下更多罪恶。"

整个古希腊文学中能够找到的说教都没有贺拉斯一个人的多。欧里庇得斯认为战争是彻头彻尾的罪恶，他写下了最伟大的反战作品《特洛伊妇女》，但自始至终他都没有说教。他从未谴责战争，他只是展示了战争是何等模样。全副武装的说教者，随着罗马人一起走进文学。甚至生性厌恶说教的普劳图斯，也会不时地承担这份职责。泰伦斯热衷说教，西塞罗亦如是。但是，就说教与其他作品的比例而言，贺拉斯超过了其他所有人。有一种强大的塑造的力量，使得这位唱着动听歌谣的歌手，这个欢乐而幽默的精灵，这个宁静超然的头脑，成为满心真诚的罪恶谴责者和美德颂扬者。贺拉斯的后盾是罗马。而且，尽管人们希望，如果命运把他放在极盛时期的雅典会更仁慈，不过，他愿尽薄力帮助奥古斯都，让整个帝国转向古老而美好的生活方式，重新创造一个生活俭朴且充满活力的罗马；他的这种急切含着一种温暖人心震慑人心的品性。我们敬畏地仰望那些伟大的希腊悲剧家，他们似乎看不到有朽之物。贺拉斯则熨帖我们的心灵。希腊诗人是我们的导师；拉丁诗人是我们亲近的朋友。

第九章
贺拉斯笔下奥古斯都时代的罗马

贺拉斯笔下的罗马,
首先是金钱当道之城,
用贺拉斯的话说就是"金钱女王"。

贺拉斯在这座伟大城市的大街小巷漫游，用好奇的目光打量着时髦女士的短外套，打量着喷了香水的年轻绅士按托加袍样式缝制的最新款式服装，打量着一个大人物的轿夫——白天马车不许上街，打量着自己的奴隶踮着脚尖急切地浏览角斗士表演的海报，打量着一支壮观的送葬队伍——他们前面是声音响亮刺耳的铜号乐队；放在书店外面的一位吹毛求疵的诗人的新作，被凡夫俗子汗津津的手摸来蹭去，他更是饶有兴趣地打量着。他来到柱廊，在一位著名画家的作品前驻足流连——这种带顶的柱廊有几英里长。他察看商人的藏品，"来自最遥远的阿拉伯和印度——财富赐予者——的珍珠"。他又来到另一家商店，那里出售"银器、珍贵大理石和青铜制品、艺术品、珠宝和推罗紫染料"，以及来自世界各地的稀有漂亮玩意儿。

　　但华丽只是这个壮观场面的一部分。贺拉斯厌恶人群，"我憎恶群氓，远远地避开他们"。但人群如此密集，他必须"推推搡搡，奋力前行，把慢吞吞的人撞到一旁"。他们在贺拉斯身后带着嘲弄的粗鲁大喊大叫:"你在追赶什么,疯狂的家伙,在你匆忙赶往梅塞纳斯家的途中,难道必须把一切挡路的东西撞倒?"这个描述虽然简短,却充满玄机。那时罗马是很大的城市,而这些话无疑表明,诗人在那里备受瞩目。当贺拉斯从人群中经过时,甚至下里巴人也能认出他,而且非常清楚他可能去哪里。同样显而易见的是,就算群氓少礼仪且坏脾气,他们也不会是奴颜婢膝之人。欧洲曾一再目睹其普通百姓处于无足轻重的无助境地,罗马的平民——当然他们比奴隶阶层地位高些——从未沦落至此。对于这个城市的平民,最伟大的君主也必须重视。罗马人,哪怕身无分文、衣衫褴褛,也不管被怎样贬损,都是一股不可忽视的力量。在历史上,再没有其他无产阶级能为自己挣得免费的食物,还有免费的演出。

在上面所引的风凉话里,贺拉斯正要去拜访一个生活在平民居住的阿文丁山的朋友,而现在必须前往王宫所在的奎里纳尔山:"你瞧这段距离对一个凡人来说多么方便。"(它是一段五英里上山下山的路程。)"所有人都来自异乡。一个精明的商人带着他的骡子和搬运工匆匆走过;这里有个起货桅,一会儿吊起一块石头,一会儿吊起一根巨大的横梁;悲伤的送葬人群艰难地穿过;那里有条疯狗奔逃而去;接着又有一头泥糊糊的猪过来。"这些文字构成一篇清晰的小品文,描写了那座城市的街景,我们对它如此熟悉,其实又知之甚少。它们将罗马呈现在我们面前,生动鲜活,栩栩如生。

不论哪个地方,不论哪个时代,大都市都是矛盾丛生反差强烈之地,罗马更是如此,甚至今天也很难有哪座东方城市在这点上堪与比肩。精神上的内在平衡对贺拉斯非常宝贵,因为外在的一切都在动荡之中。帝国时期,不稳定的摆锤愈加宽幅摆动,即使在贺拉斯那个时代,极度对立已是常态。顶端是绝对专制者,底层则是几乎毫无希望的奴隶;一边是穷奢极欲,一边是无法形容的贫穷;一边是声色犬马，一边是可怕的悲惨境遇——到处都是强烈的对立。和谐曾是古希腊的理想，内在生命和外在生命均处于均衡之中；外在世界美好，内在精神安泰。而对罗马人而言，这种观念永远不可理解。虽然许多方面贺拉斯都接近古希腊人，他却从来未曾想象，这种情形值得期许。他的追求不是让自己适应生活，也不是让生活适应自己，而是要在自己内心深处找到良善，它与生活截然对立。事实、事态、罗马人所说的一切现实，也就是我们今天所说的现实，跟个人内在的观念理想之间的断然分离，没有比罗马帝国时期更加尖锐的了。对贺拉斯和罗马人来说，有两个迥然不同的世界，外在世界和内在世界。在他们看来，二者之间并无关联。

贺拉斯笔下的罗马，首先是金钱当道之城，用贺拉斯的话说就是"金钱女王"。他天生对金钱不太关心，但铜臭如此渗透生活，他不得不把钱字总挂在嘴边。如此这般的一个时代形成了跟贺拉斯相斥的世风。它与西塞罗的时代相比已经沧海桑田，尽管实际相隔并不遥远。贺拉斯青少年时，肯定常听这位伟大的演说家指点迷津。但在西塞罗那里，金钱完全隐于幕后，几乎未有提及。西塞罗喜欢生活中能够获得的好东西，而贺拉斯不是这样的人；对贺拉斯来说，金钱确实更为重要。金钱在二人作品中地位的不同，恰恰就是贵族与白手起家者的不同。既非血统也非天性，西塞罗通过后天习得，拥有了老共和派贵族的气质，挥洒自如，口无俗物。为何？因为他手头从不缺钱，以此作为话题，还不如海洋潮汐或其他恒久的自然现象有趣。但是，随着奥古斯都的到来，所有一切都改变了。没有哪个精明的暴君，允许旧的贵族继续统治。他非常巧妙、非常迅速且断然决然地让罗马望族退居幕后。在贺拉斯熟悉的社会，没有哪种旧阶级。拥有财富之人也会拥有其他一切；他备受崇拜，人人效仿，并且执掌权柄。出身完全无关紧要。他可能是自由人，奴隶出身，毫无家世，也没有受过为登堂入室准备的教育。粗鲁的百万富翁暴发户的高级晚宴上，文人雅士们云集，在享受厨师精湛手艺的同时，他们止不住用餐巾遮掩对主人卖弄炫耀的嘲笑：面对这些，贺拉斯也是忍俊不禁。

比起其他作品，贺拉斯的《书札》中有两封有趣的短简，可谓金钱万能的最好说明。在每封信里，他都和年轻人谈到增益财富之道，他给出的建议是：和富人交朋友。贺拉斯评论道，乖僻的希腊哲学家也许会说，"既然粗茶淡饭也心满意足，我就不用跟有钱人来往"；但"既然能够利用有钱人，我就不用吃粗茶淡饭"，这种人的生活观更为明智。贺拉斯声称，从现实的角度看，后者才是真正可敬的人，是充满活力、勇于进取的人，他决然前行，而不是无所事事原地踏步，满足于卑微的生活。短简以机智的警告作结：在富人面前对自己的贫穷保持沉默者，比不断乞求的人得到的更多。记住：即使结交的目标就是为了金钱，索取也要适可而止，不要贪得无厌。第二封信是写给"洛里乌斯，最独立的人"，信中的口气非常严肃，没有半点讽刺。贺拉斯写道，没有经验的人会以为，结交权贵是很简单的事，但有过经历，才知其中风险。洛里乌斯必须首先要克服自身独立性。如果那个大人物想去打猎，邀你一道去，那你就离开你的床，放下你的书本，永远服从他的愿望。和他同悲同喜，老天保佑，也千万别在他想做点别的事情时，给他念起诗歌。贺拉斯满脸严肃、毫无讽刺之意地以此作结：年轻人要八面玲珑，同时切不可忘记通过研究哲学，提升更高层级的能力。

两封信都发人深省。人们看到，这是年轻人面对未来生计问题，向声名显赫的年长朋友寻求建议，看看他们适合什么职业。贺拉斯的父亲是奴隶出身，而贺拉斯却与大人物平起平坐，其中原委就是他让自己为一位权贵所接纳。没有哪个读者会怀疑，贺拉斯对梅塞纳斯怀有深切的友情。事实上，这似乎是他生命中最重要的情感，但从贺拉斯的世俗常识看，与富人交友只是为了生计，它与感情无涉。他力劝年轻人热烈追随其依附之人，且不会为倡言这种柔弱情感而感内疚。他从不虚伪。他向年轻人引荐之法，毫无疑问也是他与梅塞纳斯相处之道；至于他在如此行事时的情感，他对梅塞纳斯的真诚热爱，则完全被抛在一边。这完全是表面文章。他从未想到，为了从人手里弄到钱而表现出热爱，这让人反感。罗马人的性格从来没有奴性倾向。贺拉斯及其年轻朋友都是时代的产物，在那个拥有巨富比什么都重要，而获得金钱又那么困难的时代，即使在其他方面都充满尊严如贺拉斯者，在追求金钱时也是不顾其余。

金钱一直以不同面目在贺拉斯的作品中出现。吝啬鬼现在几乎从文学中隐身，那时却是主角。在奥古斯都时代，这个角色大家显然最熟悉不过。当贺拉斯描写吝啬鬼不愿意从大笔积蓄中拿出几个钱买必需的救命药时，他知道读者不会责怪他的夸张。当然，与吝啬鬼一起出场的是他永远的衬托——挥霍者和赌棍。满地都是金子。"一切的一切，"贺拉斯讽刺地总结道，"美德、荣誉、名声，所有世俗与神圣的东西，都听命于美妙的财富。那些财富堆积成山的人们声名震耳，勇敢，且公正。还是明达之士？是的，他还是国王。"

在贺拉斯的诗歌中，穷奢极侈之物反复出现，林林总总，如象牙睡椅、马赛克地板、推罗紫帷幔、花边装饰、内嵌装饰、奇珍、珠宝、银餐具、金花瓶等等，都与希腊文学形成鲜明对比，在后者那里根本没有家具与陈设的踪影。贺拉斯对人们处理家务和在晚宴上招待客人的方式颇有兴趣，很难想象贺拉斯会没有这种兴趣，就像很难想象品达会描写西西里的希耶罗家——他很熟悉的东道主，当然也是极尽豪华之能事的君主——的各种珍馐美味，或者柏拉图会在《会饮》中对阿伽同的桌布表示欣赏或者反感一样。不错,贺拉斯从未赞美奢侈,也说不上甘之如饴,但他总是敏感地意识到奢侈的存在。阿伽同和他的客人们无疑是漫不经心地吃着面前的食物,把进餐当作例行公事,对碰巧吃点什么这些细节完全漠不关心。目睹奴隶手捧带毛烤熟的孔雀走进餐厅,它华丽的尾羽向四周伸展着,这样漂亮的鸟儿看起来就像是刚刚飞落在银盘子上一般;又或者,看到一整头野猪呈现在食客面前,沉重得几乎压弯了大盘子——如果他们也看见了这些,别说贺拉斯,还有谁会把进餐当作例行公事呢?在柏拉图的雅典绅士们眼中,宴会主要是对话的场合;对贺拉斯的朋友而言,宴会意味着奢华的展示,意味着极端精致、过度丰盛的食物。

烹饪、招待和美食名录吸引了贺拉斯相当一部分的注意力。至少有整整两首长诗以此为主题,另外还有半首也无暇他顾:贺拉斯:"你参加的那次盛大宴会如何?"朋友:"这辈子我从没吃过更好的美味。"贺拉斯:"如果不介意,请一定告诉我,餐前开胃菜是什么?"随后还有足足一百行取笑那些食品的诗句,描述得非常详细,还有烹制这些美味佳肴的许多菜谱。在这次宴会上,那些罗马绅士的食物有:冷盘野猪肉加各种腌菜;带美味调味酱的牡蛎和贝类;两条剑齿鲽;一盘精美的菜肴,其中一条大鱼似乎在虾群之间畅游,配料用西班牙的鱼、希腊的葡萄酒、莱斯博斯岛的醋加上白胡椒制成;然后是和谷类一起烹制的野鸟肉、用熟透的无花果喂肥的大白鹅鹅肝、带肩肉的野兔前腿肉("远比下面的肉美味多汁")、烤乌鸦和斑鸠。诗里没有提到甜食,水果只有鲜红的苹果,而在另一处,贺拉斯说到,餐后点心不会入真正美食家的法眼,并提议最后上一道黑莓——但必须是在太阳升高之前采摘的。

"我们从桌旁站起来,"他写道,"因为饮食过度而软弱无力。"

现代读者该明白为什么早期基督徒把饕餮列入七宗死罪了。用催吐剂来让人尽可能多吃的做法，似乎只是到后来才成时尚。贺拉斯没有提到这个，而这正是贺拉斯最可能谴责的事，如果当时就有，他绝不会忽略。不过，对于那些想要了解罗马本质的人，仔细考察催吐剂这个话题肯定会获益良多。

的确，贺拉斯描写的宴会中除了雅致甚至豪奢，有时或许连最普通的整洁都做不到。贺拉斯对桌布很是敏感，因为它们往往很脏，非常肮脏。他邀请朋友来赴宴时会许诺说，无论桌布还是餐巾都不会脏得让朋友厌恶地皱鼻子。弄干净餐巾桌布如此容易又花不了多少钱，贺拉斯叹息道，为什么会出现这种情况？在邀请信的末尾他再次简单声明：他的客人在桌上有足够空间，不用担心闻到人们坐得太近时的讨厌气味。这就是拥有巨大罗马式澡堂的罗马。

在伟大的奥古斯都时代，文人雅士们的粗鲁潜藏在优雅的表面之下，还常常暴露于光天化日。贺拉斯写道，如果吃饭时坐在旁边的朋友喝得实在太多，把珍贵的古瓷弄碎，又做了些猥亵事，最后还俯身越过他，抢走了他那片鸡肉，他会因此而认为这个朋友不那么可爱或令人不太愉快吗？不，当然，读者很快就得出结论。贺拉斯与他的通信者们，对这些小小的失礼早已司空见惯，只会大度地一笑了之。

一次，贺拉斯和几个非常重要的大人物同行。有梅塞纳斯，有"最博学的希腊人"，还有两位著名的外交官——贺拉斯描述其中一位是"极端完美，一丝不苟"，另外还有三位著名的文学家，维吉尔也在其列。这是世间罕见的一群人中之杰，其中三位的名字在一千九百年之后仍然家喻户晓。途中，他们到朋友的别墅住了一晚，一边吃晚饭一边看短剧娱乐，"小丑萨门图斯和绰号'公鸡'的梅塞乌斯"之间的对话。萨门图斯看起来又瘦又小，梅塞乌斯则是身材高大、奇丑无比的农夫。这是他们为那次聚会提供的乐子：萨门图斯："我说，你真像匹野马。"（观众发出笑声。）梅塞乌斯（粗蛮地摇头）："我就是——你要当心点。"萨门图斯（眼睛盯着梅塞乌斯额头上一道可怕的大伤疤）："哎呀，如果你那样威胁我，就该把没全砍掉的头上的角全切掉。"他又步步进逼，嘲笑那种让梅塞乌斯变得畸形的疾病，还有他那些让人捧腹的恶习，逼得大个子为这群人"跳独眼巨人之舞"，因为他看起来很像。但梅塞乌斯这一边也有得分："啊，你——你只是个奴隶。是什么让你逃离了你的女主人？不会是因为她不给你饭吃——哼，你个子这么小，不吃东西也能长胖。"这确实是愉快的消遣，贺拉斯这样结尾道。它让人想起《会饮》中那些庄重亦复机巧的绅士们，他们把吹笛子的女孩连同她的"噪音"打发走了以后，紧接着不受打扰地享受晚餐中讨论高深话题的快乐。

当然，这种对比不太公正：贺拉斯显然是在叙述真正发生的事，而柏拉图或许只是想象可能发生的事。不过，希腊人和罗马人品性的根本差别大抵如此。"告诉我你拿什么自娱自乐，我就可以告诉你你是哪种人。"小型聚会上的罗马精英们，小丑的逗趣、疾病和可怕的大伤疤让他们乐不可支。他们属于奥古斯都时代，正如苏格拉底、阿里斯托芬和《会饮》中的其他人物属于伯里克利时代一样，很难想象这些雅典人会在罗马人的餐桌旁找到什么乐子。丑陋、畸形和疾病不是阿里斯托芬式笑话的主题，他也不会喜欢"你也同样而且更糟"套路的对话。如果贺拉斯和维吉尔来到希腊人的晚餐桌旁，关于那些在现实世界不存在的虚无的长篇大论也会很快让他们感到厌烦。在他们看来，那种精心编织的理论纯粹是浪费时间，既寡然无味，也毫无裨益。贺拉斯告诉了我们他心中第一等谈话的模式："让我们来讨论什么对我们是重要的。不是其他人的房子、别墅，或者勒波斯的舞蹈是好是差，而是究竟是财富还是美德让人幸福，正义或者实用的动机对我们追求友谊又是否会产生影响。"罗马人认为，这种谈话多少会让人有所收获。这有助于他们成为好公民。如果他们想要娱乐，有弄臣，有小丑，还有角斗士。

一对或几对角斗士捉对厮杀，如果没有哪方被消灭，这场娱乐就很失败。但贺拉斯笔下没有哪位食客会为这一场面感到兴奋。这是后来的发明。不过，早在贺拉斯时代之前两百年甚至更早，罗马就已对公开的角斗比赛习以为常，他对此没有什么反感，这一点不奇怪。并非只有他持这种态度，西塞罗也为角斗比赛自豪。贺拉斯从未真正描述过角斗，或者提到自己曾经亲临现场，但他不止一次提到角斗士，而且一直以平淡的方式提到他们，类似于演员或歌手。在一首讽刺诗中，他讲述了与梅塞纳斯的一次闲聊，在讨论时间和天气的间隙谈到两人最喜爱的角斗士已经确定对垒："拿着色雷斯盔甲（一种很小的盾牌）的胆小鬼是赛勒斯的对手吗？"

贺拉斯并不是从未留意过奴隶，但值得一提的是，像他那样敏感的人，写到他们受到的可怕惩罚时竟完全漠然。贺拉斯确实轻描淡写地说到过，一个因奴隶偷了点食物就把他钉死在十字架上的人肯定是疯了，但他说起奴隶的挨打，说起鞭子上绑缚金属片的"恐怖抽打"，以及其他用来让奴隶保持秩序的酷刑——这个阶级因其规模庞大而日渐危险——就像是稀松平常的事。贺拉斯说，一个有地位的人如果出门只带着五个奴隶伺候他，那他就是吝啬；另一方面，如果有人看见他带着二百个奴隶出门，那他就超出了常规。尽管数量庞大，但是奴隶完全没有作为人的重要性，在城市已经习以为常的肉体痛苦和暴力死亡这些最受喜爱的娱乐形式中，奴隶如此随意地受到虐待和杀害，以至于在最优秀的人——如贺拉斯这样温和、仁慈、尽职尽责的思想家——那里，奴隶的处境也从未引起哪怕片刻的思考。如果贺拉斯死而复活，面对我们的观点，他会表现出令人痛惜的迷惑。贺拉斯睿智而善良，可他与一种恐怖的罪恶生活在同一时代却从来都视而不见。所以说，习俗让人盲目。

但在其他某些方面，也很重要的方面，我们的生活方式似乎跟罗马人远比跟希腊人接近。在《会饮》中，阿尔基比亚德挑战苏格拉底喝下两夸脱葡萄酒，这时，苏格拉底可以选择喝还是不喝，但贺拉斯时代在外用餐的人就没有这种自由了。贺拉斯常常谈到主酒人，他被指定来决定每个人该喝多少酒。许许多多宴会都必须遵守那种规则。喝醉了的罗马人肯定很难对付，粗暴，爱吵架，很危险。毫无疑问，当时有数不清的宴会在打架斗殴、满地餐具和伤亡中收场。于是就颁布了一条法令——罗马永远向法律求助——来限制饮酒。当然，这条法令是双刃剑：每个人都被迫喝光同样多的酒，酒量小的人必然会喝过量；不过，每当为了少数滥用自由权者而制定法律以规范多数没滥用自由权者时，都会出现这种有违本意的结果。事实上，要想为人性这种千人千面的东西划定统一平均线，可以肯定，任何这种尝试都只会导致一个结果：最好的人压力最大，因为每个人都知道多数人利用多数人的统治之道会向何人施压。

雅典人的观念是，绅士可以做到随心所欲不逾矩，他不会饮酒过度，惹人厌恶。罗马人的观念则是，绅士当然不能做到随心所欲不逾矩，但能够而且应该遵守秩序。要和谐，雅典人说。要自由，因为美好生活与人的内在欲望协调一致。要纪律，罗马人说。要仔细定下规则，因为必须把美好生活加于趋向罪恶的人类本性之上。

贺拉斯讨厌饮酒令："啊，乡村，我何时才会看见你。啊，夜晚与诸神的盛宴，那里每个人都不受荒谬的法令制约，可以随心所欲地饮酒。"他敏锐的洞察力窥透了这样的道理：除非有人类道德情感的支撑，否则所有法律都只是空洞的形式。不过，透过他的诗歌，透过罗马文学，总能或明或暗地辨认出，严苛的外部力量、法律——"那可怕的必然性的坚硬爪子"、朱庇特无情的法令、随意编织或砍断生命之线的命运——控制和约束着罗马人的生活。"必须"一词时常挂在贺拉斯嘴边，"这个你必须做——必须屈服——必须面对——必须忍受"。罗马人就是这样看待生活的，尽管贺拉斯竭力寻找内在的自由，他却从未感到自己是自由的。

卡图卢斯是引人注目的例外。在他的神灵中，没有"那可怕的女神——必然性"的位置。他认为生活掌握在自己——以及莱斯比娅——的手中，而彼时狂热的激情从未意识到任何必要性——除了激情本身的必然性。在卡图卢斯之外，狂热激情是罗马文学中最罕见的情绪。

这些就是罗马在贺拉斯笔下的剪影的突出特点，但他遗漏的东西同样重要。政治游戏在西塞罗的作品中占据了整个前景，而在贺拉斯笔下则踪迹全无。西塞罗时代的情况预示的结果逐渐成为现实：公民们无法应对自身的腐坏，随之而来的可怕罪恶必须结束，因此就需要一个独裁者，他承担所有责任并全权规制国家的一切事务。在伟大的奥古斯都时代，许多聪明能干的人看到自己免去了公共问题带来的麻烦和担忧，而能够投身于自己的事务，都长长地舒了一口气。他们曾经愤怒地对罗马共和国官员的欺骗、愚蠢和低效感到不耐烦。他们对战争、国内外事务的错误管理和审判不公厌倦之极。如今那一切都结束了。一个强大而有远见的人成为皇帝，他的意志是唯一算数的法律，罗马人欢欣鼓舞。摆在自己国家面前的未来，西方世界见过的最少责任约束的专制，他们对此一无所知；他们也没有兴趣谋划未来。无私的爱国主义已在罗马消亡，从此不再出现，它只零星出现在少数人身上，这些人如此之少，根本无足轻重。

在贺拉斯《书札》中,有一小段文字描述了他看过的戏剧。这出短戏似乎不是代表他或他的群体,而是像所有地方的民间戏剧那样,代表了时代的普遍精神:"甚至还在演员吟诵时,人们就叫嚷着要看狗熊表演,或者搏击比赛。愉悦已经从耳朵听,变成了贼溜溜的眼睛看和毫无意义的插科打诨。在四个钟头或更长的演出时间里,一队队骑兵飞奔而过,还有一群群步兵。倒运的国王双手绑在背后被拖了进来。战车滚滚飞驰,两轮马车、四轮马车、船只和象牙运了过来,还有从科利斯夺取的所有战利品。然后,那只仿佛杂交的动物长颈鹿,吸引了人群的注意力,或者也许是一头白象。什么演员的嗓音响亮得足以压过喧闹声?观众彼此打听:'演员说了什么没?''我想没有吧。''那你为什么这么高兴?''哦,因为他穿的那身漂亮的紫袍。'"

场景越来越花样百出,越来越富丽堂皇,这正是罗马当时的需要。它不是要满足思想或者精神的需要,而是要满足眼睛的需要。罗马的重要性在于它的疆域、它的财富和它的力量。罗马公民的生活浸没在他们拥有的过度丰富的事物之中。对伯里克利而言,雅典的荣耀不是帕台农神庙或雅典卫城,而是雅典在各种知识方面都成为希腊的源头。奥古斯都的荣耀,这点已重复多次,是因为他即位时罗马是座砖筑的城市,离开时变成了大理石建筑的城市。

奥古斯都罗马习武场上 和平祭坛上的浮雕

第十章
罗马精神

要么征服,要么被征服。
罗马人是优秀的战士,战争是他们最自然的表达方式。
有关英雄主义、爱国奉献和刚正不阿的美德故事,
没有哪个国家比罗马更多。

"对罗穆卢斯的子民,我没有定下确切的目标成就,"维吉尔在《埃涅阿斯纪》中借朱庇特之口说起罗马未来的荣耀,"帝国绵延千秋万代。我已赋予他们无限的权威。"无限是罗马人的本质,不仅表现在权力和帝国的扩张,而且表现在欲望、野心、食欲方面。罗马有夸饰的民风,这让人意外,因为初看上去,这和注重实际、冷静睿智的突出民族性格——这让罗马人能成为伟大帝国的缔造者——相矛盾。但就近观察,矛盾涣然冰释。罗马人是优秀的战士,几个世纪以来,他们的选择只能是:要么征服,要么被征服。战争也许是他们最自然的表达方式;当然,为建邦立国,这是他们必须付出的代价。正如李维推断的那样,从最初建立到他那个时代,八百年来,罗马必须时刻面临战争,在这种刺激下,罗马人极大地发展了一个方面的天才,即可靠的、有远见的、坚定的判断力。然而战争,或者严酷的压制与劫掠的狂欢,绝非约束暴力倾向的好训练。原始的、本能的、身体的嗜欲总是一再上演。

　　一言以蔽之,罗马的伟大就像任何伟大者一样,在于人民中间存在的某种更强大的东西。纪律观念，一种士兵的基本观念，深深植根在他们身上。不管天性的涌动多么强烈，他们对法律和秩序都有更为深刻的领受，这是他们内心最深处的东西。他们的暴动很可怕；内战之惨烈世所罕见；对俘虏的处置也是历史上可怕的一页。不过，罗马最突出的方面，仍然是它对过有节制生活这一观念毫不动摇的坚持，以及体现正义和公平原则体系而不是这个或那个的服从。

必须置于法律控制之下的罗马人，其本性有多么残忍，这非常清楚地表现在他们热衷的娱乐中。我们对此非常熟悉，只需粗略提及：如所谓的"猎兽"，狩猎地点就是竞技场；再比如，竞技场中的海战，通过隐藏的沟渠往竞技场引入海水；还有，最常见也最受民众热爱的，角斗比赛：当圆形竞技场水泄不通，全罗马人齐聚一处看几十个或者数百人互相残杀，给竞技中的优胜者作杀死对手的信号，急不可耐地观看高举的标枪插入无助的身体，鲜血随之喷射而出。

那是罗马最喜爱的娱乐，也是对世界体育的独特贡献。没有哪个场面源自希腊，它们只是随着罗马的统治进入希腊，据说雅典人从未准许角斗。有两次，我们得知，就在角斗开始之前，希腊的公民制止了比赛，两次都是在大人物的抗议下引发的。"雅典人，"其中一人喊道，"在你们允许角斗士进入之前，请跟我一起去摧毁怜悯的祭坛吧。"于是人们异口同声地宣布，他们的剧场绝不应受此玷污。第二次，一位受人尊敬爱戴的哲学家谴责了他们即将目睹的残忍场面，也产生了相同的结果。但在罗马人到达的其他所有地方，这种血腥的比赛接踵而至，而且更加血腥、更加触目。我们读到，有一次他们杀死了一百头雄狮和同样多的母狮；还有一次，五千只动物被杀死，包括公牛、老虎、豹子和大象。诗人马提雅尔写了无数警句,奉承韦斯帕西恩的儿子图密善皇帝——大约在奥古斯都之后75年时在位,他写道:"恒河边的猎人不用担心,东方国家没有罗马那么多的老虎。这个城邦有数不清的快乐。恺撒啊,你的竞技场超越了酒神巴克斯的胜利与辉煌,拉动他战车的不过是两只老虎。"

根本无从估算,有多少人以这些方式死去。战俘的供应开始无法满足需要,死刑犯就被送到所谓角斗士学校,奴隶主也常常把自己的奴隶卖到那里,甚至还有人自愿前往。西塞罗不止一次说起这些。随着角斗的盛行,各个方面的夸大其词最终造成了让现代读者难以置信的乱象。我们听说竞技场撒满了金粉,侏儒彼此打斗并与野兽搏斗,甚至女人也加入进来。马提雅尔说他见过一个女人杀死一头雄狮。皇帝们也参与角斗——当然是精心安排的比赛。罗马最优秀的统治者马可·奥勒留的儿子自夸说,他杀死或打败的角斗士有两千之多,而且只是用左手。这种叙述最终变得愈加离谱。人类在运用更新奇、更有趣的杀戮手段上的创造力终于枯竭,而要满足很不耐烦的观众,只能增加角斗者的数量。据记载,在竞技场灌满海水后的一次海战中,有二十四艘船加入,这些船能装下足足一万九千人。

接二连三地读到这样的描述,人们不得不怀疑,罗马对这种拙劣的新闻文体或许也不陌生。读者们肯定会推断:一个倾向于夸大其词的民族,即使声称在做准确的历史记录,如果面对的主题几乎让人无法不夸张,那么他们就不能总做到准确。当人们听说,帝国末期的一个皇帝"不见人血不吃饭"——亦即每次吃饭都要看着人们彼此残杀,这时读者的怀疑就成了确信。这简直就是如假包换的小报新闻标题。这种事情怎么会让人知道?宫廷奴隶的闲话?抑或暴君自己的断语?就像某个罗马人一样,想表现得比尼禄还尼禄?

角斗中那些特别令人发指的恐怖事件，以及死人无数，很难相信是信史；但它们确实体现了亚里士多德所谓"比历史更真实的真实"。那些东西是罗马人为罗马人而写，罗马人也乐得传阅、乐得相信。

有点突兀，但让我们从罗马人喜欢用什么方式自娱自乐的揣想，转到思考罗马给世界带来的功绩。罗马人并不是残酷无情地践踏自己面前的所有民族，在野蛮的嗜血冲动中一次次杀戮。他们创造了伟大的文明。罗马无法从世上抹去的成就是法律，这是永恒的纪念碑。天性暴虐、充满嗜欲和蛮力的民族，却创造了伟大的万国法，以公平、正义维护全世界自由人的权利。这个事实人所共知，但每每想起却都令人震惊，这其中的缘由不难明白。建立在七座小山上的城镇征服了周围的其他城镇，因为她的公民能够服从命令。了解罗马的人，没有谁认为这只是臆测。那个将打了胜仗但违抗命令的儿子处死的父亲，是一个影响深远的传奇人物。竞技场的放纵是一种消遣，跟破坏一座被占领的城市或一场残酷的内战一样。它们都只是小菜一碟。罗马人必须且愿意服从某种外在的力量，这是由来已久的观念。在没有法律的土地上，那些小部落之间为生存一直彼此争斗，从鸿蒙之初承袭而来的部落习俗是最开化之物。在这里，罗马军队长驱而入，连同他们的刀剑和长矛一起到来的还有他们的观念：生活必须纪律严明，没有哪个人或部落随心所欲，一切都得服从冷酷、绝对的权威，它要求必须自我节制地行事。顺着宽阔的罗马大道和高架水渠而来的，是它们代表的理想，即建立在法律之上并靠法律维系的文明。

这种观念庄严宏伟。正是罗马，把这一伟大思想传布到所到之处：除非证明一个人有罪，否则就要认定无辜；正是罗马，宣布仅按逻辑执行法律，而不管最后的实际结果是善是恶，这是最大的不公；正是罗马，在制定法律时从未完全忽视这样的观念，即所有人

——不管男人还是女人、自由人还是奴隶——都"生来"平等。

由此产生的罗马文明,一再显出单靠外力——不管多么强大——无法拥有的力量。高卢人是凶猛的战士,心智发达,却纪律散漫;然而一旦他们体验到罗马文明的意蕴,体验到它显而易见的优越性,在被恺撒征服后,就再没有发生普遍反对罗马统治的起义。归顺罗马意味着什么,《使徒行传》描绘了一幅绝妙图景。据记载,圣保罗是塔尔苏斯的犹太人,也是个罗马人,小亚细亚的这座小城已纳入罗马帝国。当他在一个小镇布道时,治安官在犹太人的唆使下把他抓了起来,下令用鞭子抽他,不过就在行刑之前,保罗大叫说自己是个罗马公民,于是行刑者向长官汇报说:"住手。这人是罗马人。"于是"长官就来问保罗说,你告诉我,你是罗马人么。保罗说,是。长官说,我用许多银子,才入了罗马的民籍。保罗说,我生来就是。"这番骄傲的话得了应有的结果:圣保罗在重兵护卫下离开那座敌人欲置之于死地的城镇,来到那个行省的罗马总督那里,当着总督的面说:"我要上告于恺撒。"——一句话让总督放弃了地域偏见和个人怨恨,变得客观公正。总督让圣保罗得偿所愿,他也只能如此回答:"你既上告于恺撒,就该往恺撒那里去。"于是圣保罗就在罗马士兵护卫下,前往罗马城。

公元三世纪初,罗马帝国所有城邦出生的自由人都会获得罗马公民身份。那时,超越狭隘民族界限的世界大同观念,以及人类一向渴望的世界和平理念,似乎就要实现。

无疑这种思想产生于希腊而非罗马,它通过希腊哲学和亚历山大大帝传播到罗马,但只有罗马人让它得以在人世间发挥作用。作为正义理想在实践中的实现,法律自然且必然是罗马人的首创。希腊人提出理论,罗马人将他们的理论付诸实践。还必须要记住,是罗马而不是其他国家,继承了伟大的希腊思想。这座城邦历尽艰辛，终成西方世界以及东方和南方相当大一部分地区的霸主。她超越世界其他民族的地方不仅仅在于罗马人能够更愿意服从、更善于战斗和坚韧地承受困难。只有古罗马人真正理解古希腊人。他们对希腊推崇备至，甚至时常到了伤害自己的程度；他们模仿希腊而非发展自己的自然倾向。但他们洞察了希腊的伟大，因此也显现出自己的伟大。

体现罗马人天性中高贵之处和崇高理想的另外一点，是他们对嘉德懿行的传颂，奇怪的是，它跟西塞罗和贺拉斯时代的罗马相去甚远。没有什么比这个民族一再重复的伟人故事，更能展现他们的家邦观念。纳尔逊真的说过"英格兰期望每个国民恪尽其职"吗？弗朗索瓦一世真的高呼"若没有荣誉你们将毫无希望"吗？也许他们说过，不过，就算他们没有，人们肯定也会发现其他英国人或法国人说过这些词句，因为，当一个人遇到那样的处境时，这些话全面地表达了英国人和法国人在这方面的思想。雷古罗斯回到迦太基，在酷刑中死去，只为信守诺言。这个故事在数百年间被反复传颂，以表明在罗马人心目中人们应该如何信守诺言。与这一事实相比，在反映罗马人的性格方面，雷古罗斯究竟有没有如此行事并不重要。

有关英雄主义、爱国奉献和刚正不阿的美德的故事，没有哪个国家比罗马更多：命悬孤桥的赫雷修斯，奋身跳崖的库尔提乌斯，在敌人酷刑威逼其说出罗马计划时将手伸入烈火中任由火焰灼烧的男孩——无数精彩的故事流传下来，其他任何民族都无法超越，甚至少有可比者。即便这些故事没有一个确实发生，它们也和角斗比赛的记录一样，非常真实。它们是罗马人的观念，它们体现了罗马人心目中人类应该且能够达到的高度。这种国家观念是理解一个国家的重要因素。崇高的荣誉和对祖国的热爱让酷刑与死亡无关紧要，是罗马人放在首位的万物之王。

至于文学和艺术，罗马在很长时间都试图模仿古希腊，虽然希腊指引的方向与全凭天性自然引领的方向并不一致，这也是事实。希腊艺术和文学跟罗马几乎毫无共性——尽管西塞罗会反对这样的断言，并且也有其理由。他曾在古希腊传统下受过严格训练和滋养熏陶。对他而言，希腊艺术就是艺术的全部；其他艺术，他熟视无睹。无疑，他那座隐藏在常春藤树荫里的漂亮别墅是严格按照希腊趣味原则建造的，搬到雅典也会与周围环境协调一致。所有罗马文化都来自希腊，罗马只想毕恭毕敬地模仿和全盘接受希腊的雕像、神庙和屋宅。贺拉斯也会反对这样的断言。对于他的一小片土地、他的榆树、白杨，以及缓缓通往河畔的草坪坡地，就算希腊人也不会比他更能领会其可爱之处。然而，和西塞罗一样，贺拉斯也是希腊精神之子。希腊抒情诗是他的典范，它们训练了他的鉴赏力。他在它们所指向的地方，在普通的生活环境中，看到了美。

那是古希腊人的特殊礼物，从熟悉的日常事物中感受美——他们的艺术和文学专注于揭示这种美——是古典主义艺术和文学的伟大典范，有别于浪漫主义。希腊人是古代的古典派，直至今日他们也仍然是最杰出的古典派。他们一切作品的特点，古典的标志，就是表现现实生活意义的方式的直接和素朴。正是在直接和素朴中，古希腊艺术家和诗人找到了他们的所需。他们往往排斥陌生特异之物，厌恶各种夸夸其谈。他们的愿望就是，真实地表现日常事物，他们视之为美，且充满意义。

但那不是罗马精神。在没有直接接受古希腊的指引时，罗马人并没有在平常事物中发现美，或者压根没费这心。对他们来说，美无关紧要。在他们眼中，生活是非常严肃且非常艰巨的任务，他们没时间去关心仅用来装点生活的东西。在金钱与悠闲腐化这个国家之前，罗马人——即使那些最优秀、最伟大的人们——对待艺术的自然态度，都很类似于一座陷入重围的堡垒的指挥官，看到部下忙于把武器手柄刻成漂亮形状时的态度；所有罗马人自己也这么认为。有许多必须完成的任务振奋他们的内在精神。绘画、雕塑，诸如此类的琐事就留给如一位罗马作家所说的"如饥似渴的希腊迷"吧。

历史每每如此。随着罗马渐渐富有、强大而骄傲，她理所当然地感到需要通过看得见的辉煌展示其力量，于是罗马修建了雄伟的神庙、宫殿和凯旋门，但它们都是希腊式建筑——罗马人眼中的希腊式，比希腊建筑更宏大、更精致。对罗马人而言，宏大本身就值得赞美。世界上最大的神庙，就比其他的神庙都要好。如果说科林斯式的柱子很美，那么两根柱子——把一根放在另一根顶上——就会拥有双倍的美。但是，从根本上说，所有装饰性的富丽堂皇都不属于罗马，包括那些容纳希腊诸神的神庙，那些穿着白袍的祭司，以及那些蜿蜒攀上卡匹托尔山的童贞女——伴随她们的是唱着颂歌的少男少女，赞美着那些来自爱琴海某个希腊岛屿的女神们。要表现罗马外表体面的庄严，这些全都非常正确、非常合适，但它们与罗马人真正的信仰无关。发自内心深处的崇拜献给了那些微不足道的家神们，那些又小又粗糙的神像。供奉家神的不是乳香，不是从畜群中精选的一岁幼畜，也不是奇珍异宝，只是一点点日常的食物。我们从未听说罗马人的崇拜和美妙或尊贵有何关联。那将让罗马人生分，让他们退避三舍。美妙与尊贵适合雄伟壮观的朱庇特神庙，这座最大最好的神庙。但是，在日常使用中，给他们舒适的家居环境足矣。希腊人会认为粗俗的家居环境令人不快。他们必须让自己的锅碗瓢盆看起来赏心悦目。

不过，当罗马人不再考虑教养和希腊人，而是致力于他们真正需要做的事情，他们就会证明，自己能够创造美，宏大之美，只是一直都是随意而为，并非刻意追求。"在罗马，真正的艺术家是工程师。"这个世界帝国巨大的实际需求让罗马的天才们行动起来。罗马很好地满足了他们的创作欲。他们修建了气势雄伟的巨大建筑，能够容纳八万人观看演出的圆形大剧场，能够同时容纳三千人洗澡的澡堂，它们在近两千年的时间里几乎完好无损。他们修建的桥梁和高架水渠，凭借漂亮当然也十分精确的高入云霄的石拱和巨大的桥墩，跨过宽广的河流，横穿大片土地。与它们相伴的是宽阔平坦的罗马大道，那是顽强的、不可征服的人类力量的丰碑，一块块巨石相互拼接，势不可挡地向前不断延伸，穿过不为人知、条件恶劣的森林，越过群山的层层阻隔，跨过烈日暴晒的沙漠，来到适宜人类定居的世界的边缘。

那才是真正的罗马艺术，是罗马精神的自发表达，也表现了它真正将实用手段用于实际目标的急切态度，表现了它的意志力和坚韧度，表现了它的无穷力量、无所畏惧和无上骄傲。美纯粹是偶然的结果，并非那些时刻面临极其艰巨的问题的技师和建造者们的有意识创造，它只是产生于一种令人好奇的协调：结合了让人叹服的实用创造与非实用性的美的事物，在它们的本性之中存在着的一种协调。

任何人都会推断，这样的民族自觉创造的艺术会具有严格的现实主义风格，把生活当作冷酷的现实加以揭露，只希望表现毫不留情的事实。就罗马在雕像方面非凡的成就而言，情况的确如此。他们的观念是要严格地忠实于外在事实。惟妙惟肖是所有雕塑家的追求。他们在大理石上再现表情严厉、满脸倦容的老人们头部的每一个细节，让他在雕像中获得永恒；他沟壑纵横的额头上没有任何一根线条、悬垂的下巴赘肉上没有任何一个褶皱被忽略，也没有减少分毫那些常常支配整个民族的愚蠢兽性或暴躁的坏脾气。罗马人不会要求别人的美化，对真实的自己很满意。肖像越是真实，在资助者眼中艺术家就越是成功。这一点男女同样接受。皇后不会希望雕塑家把她僵直的嘴唇刻画得更柔和，或者把她巨耳下长长的耳垂变小一点。著名的交际花满意地允许雕塑家刻下她头上和额头上丑陋的线条，不加任何掩饰。有人难免会认为，罗马人要么没看到丑陋，要么是对美丑麻木不仁。如果有人想起那尊希腊少女俯身在盆里洗手的雕像，就会立刻明白，希腊那种大理石雕塑离现实主义有多远的距离。这尊少女雕像就代表着古典艺术：举止平常，内涵绝妙的美感。

在罗马雕塑中零星会出现《圣女》那样的作品，它超越了对个人面孔的准确再现，借雕塑家的信念传递某种庄严感。雕塑家精准地在大理石上注入男子气概、深沉凝重以及超凡力度，使之全无凡人弱点，并且让罗马人信以为真。但这类雕塑极为罕见。

除此之外，如果雕塑家不是去模仿古希腊——作品往往粗笨且不合比例，他们往往热衷讽喻性的浅浮雕，恰和贺拉斯的训诫诗相呼应，在这种浮雕中雕塑家谆谆教诲，灌输对罗马的崇拜；从没有如此有意识地追求"为道德而艺术"，艺术完全屈从于道德。只在一个很小的艺术分支中，罗马表现了独具特色的繁复之美，那就是人们熟悉且常常模仿的饰板，画上挤满土地的赏赐——水果、花卉，还有胖男孩们从果实累累的葡萄藤上摘下大串的葡萄，以及颗粒饱满的谷物、成群的牛羊，图案彼此交叠，几乎没有设计，所有这些华丽丰赡都从南方的富饶丰足中喷涌而出。它们属于真正的罗马，与希腊花饰的克制精神毫无共通之处。希腊的土壤没有从永不枯竭的羊角向人类慷慨地馈赠礼物。花卉、水果，就像希腊的其他所有事物一样，艺术家们运用得都很"俭省"。

维多利亚时代的一位伟人讲过，如果说古典主义是对寻常之美的热爱；浪漫主义就是对奇异之美的热爱；这个观点廓清了两者差异的本质。"浪漫"、"罗曼蒂克"，这些词都能唤起一种模糊但明快的形象，以一种隐然的兴奋感和历险感消除日常生活的单调与乏味。当然，如果日常生活看起来并不单调和乏味，就没理由转向浪漫了。希腊人不罗曼蒂克，主要原因就在这儿。现实让他们兴趣盎然。他们从中发现了足够的美和愉悦，并不想要超越。

但对罗马人来说，现实既不美，本身也无趣味。渴望探索宇宙间的万事万物，这个希腊的基因没有传于罗马。西塞罗说，探索自然是为了寻找既没人能够了解也没人需要了解的事物；这个评论最好地表达了罗马的风尚。他们不是崇尚智性的民族，他们属于实务的世界，而非思想的世界。随着希腊的衰落和罗马的兴起，科学已死。罗马人足迹踏遍世界，但他们没有成为地理学家；他们破解了前人未能解决的拱门问题，但他们不是物理学家。他们对理论一向漠不关心。对他们来说，知其然足矣，知其所以然并不重要。他们的兴趣不是为什么而只是怎么做。

他们对美更是了无兴致。对他们而言，美从来都不太真实。就像我们一样，在他们看来，现实、事实总体而言丑陋而令人不快。"面对现实"、"回到现实中来"——这些话对我们和罗马人来说具有相同的含义。现实的丑恶和严酷直接铺陈在他们眼前，这点和我们相反。我们学会用石墙禁闭令人震惊的景象，以保护自己；但在罗马，在大规模奴隶起义之后，通往城邦的主道两旁，钉死奴隶的十字架绵延超过一英里。甚至对战争的恐怖景象，我们也遮遮掩掩，而当普鲁塔克的朋友来到战场——一个皇帝借此登上皇位——时，他发现堆积的尸体和那里小型神庙的屋檐一样高。直面冷酷的事实，现实在他们看来往往是更多而不是更少憎恨。他们的娱乐方式一直向他们展示着人类痛苦和死亡的可怕形式。

如果一个民族在世间看到的主要是丑陋，他们就会寻找慰藉，以逃避丑陋。罗马文学发生了转向，每当人们认为无法从现实中获得精神愉悦时，文学的这种转向就会再次发生。罗马文学黄金时代的作家转向了浪漫主义。

我们今天认为生活缺乏美和意义的所谓现实主义，总是和浪漫主义相伴相生。它们不是共生共存，而是你前我后，不时相互追赶，相互超越，然后又一个落在另一个后面。人类的精神不会久困于无意义的丑陋的拘执。浪漫主义必定应运而生。希腊人处处中庸，对两极都不了解。他们是以真为美的现实主义者，这种精神的直接表达就是古典艺术。

对罗马人而言，真是美的反面，他们最终必然会从现实转向浪漫。卡图卢斯是将现实与浪漫集于一身的人中麟凤。他就是罗马精神的完美代表。他在浪漫爱情的最高处为莱斯比娅叹息；他创作神奇造物，书写迷幻神话，超拔人世，自由翱翔；然后他又回返现实，以周围的现实环境——它们甚至比胸像还丑陋——入诗，却只看到肮脏的泥淖。对卡图卢斯来说，现实总是丑恶的。他不断挣脱，结果却总是再回现实、再次逃离。

一场残酷、痛苦的战争带来了奥古斯都时代——面对这场战争，甚至连胜利者都没有那种成就伟业带来的欢欣鼓舞。在这个时代，罗马文学发展到了顶点，当时最伟大的作家也从现实和他们自己的世界——以共和国自由为代价换来的世界和平——转向了浪漫，奇妙的大门向想象敞开。罗马文学的黄金时代不属于古典主义，而属于浪漫主义。

君士坦丁凯旋门

第十一章
进入浪漫时期的罗马：维吉尔、李维和塞内加

浪漫主义精神扎下根来，传布欧洲；
　古典精神则渐行渐远。

公元 2 世纪有一位著名的文学评论家，名叫奥卢斯·格利乌斯，他有几卷作品流传至今。他记录了一位文友对品达和维吉尔描述埃特纳火山爆发的比较。那位古希腊诗人写道："漆黑的夜晚，红色火焰从大海深处翻涌而出，盘旋于岩石之上，向高空喷泻火泉，惊人魂魄。"维吉尔说："投向空中的火球舔舐星辰，石块不时喷射而出，群山撕裂的内脏，与熔化的峭壁，咆哮着掷向天宇。""品达，"那位批评家向他的朋友指出，"描述了实际发生且他亲眼目睹的事情，而维吉尔那句'火球舔舐星辰'是无用而愚蠢的繁琐细节，他说峭壁熔化、咆哮并掷向天宇，这种可怕的东西品达从来不写。"那是对古典文学和浪漫文学描述手法的比较。品达运用自己的眼睛，维吉尔运用自己的想象。拿他们作比较的是一位古典学者，他当然讨厌浪漫文学的夸张，也无法从维吉尔那句"火球舔舐星辰"中看到我们所见的壮观景象。

决不能用严格的精确性的标准评判浪漫派的艺术家。他不会受事实约束，正如培根所言，"物质低于灵魂，理性有比事物的自性更充足的伟大、更精准的善性和更绝对的多样性"。对古典学者而言，事物的自性就是真理，他只希望清楚地理解其所是。浪漫主义者是被新颖、奇特之物引诱的冒险家；在他看来，真理藏在此处。古典作家同时仰赖理性和想象。对浪漫主义作家而言，想象能够超越经验的狭隘范围，不受阻碍地飞向眼睛看不见、耳朵听不到的所在。

《埃涅阿斯纪》从头到尾都是纯粹的浪漫文学。维吉尔，这位罗马最伟大的诗人，也是世界上最伟大的浪漫主义者之一。

他比贺拉斯略长几岁，贺拉斯爱戴他，怀着亲切的崇拜写到他。似乎每个人都对维吉尔怀着类似的情感。拉丁文学提到维吉尔处，其中表现的感情超越了其他任何人；就是到后世，也可以无疑义地说，在所有诗人、所有作家当中，维吉尔确实是最受爱戴和赞美的。他是包括古希腊和古罗马的所有古代作家中唯一被基督教接受的人。有一个传说常被传颂，并收入赞美诗。这个传说讲到，圣保罗曾到维吉尔墓前拜谒，为他垂泪。维吉尔被当作先知之一，他的名字反复出现在基督教的仪式之上。因为他在早期的诗歌里写到，一个即将出生的孩子让黄金时代与和平统治重新降临，基督徒认为这预示着基督的降生。因此，在某种程度上，维吉尔的所有诗歌都神圣化了。最敌视异教学问的修道院，也允许放几册维吉尔的作品。虔诚的基督徒打开《埃涅阿斯纪》，阅读偶然目光所及的第一行诗以窥测未来，也不会觉得是违背了上帝的旨意。在接下来的中世纪，如此优雅、温和的文人又奇怪地变身为巫师。在但丁看来，他是"那位"带领他穿过地狱和炼狱的"诗人"，是"我的导师和教员，他教给我优美的风格，让我得到荣宠"。从他去世到今天，从公元2世纪初的尤维纳利斯哀叹，教师不得不"每天都听人重复老朽的维吉尔的作品"，直到去年大学入学考试前的六月，无数代学生受过的教育都有一部分来自于维吉尔。在我们西方世界，只有《圣经》的影响比它更大。从这个角度说，维吉尔的重要胜过古希腊诗人。在这一千七八百年间，他是所有西方国家的文学宗师。

的确，浪漫主义精神扎下根来，传布欧洲，古典精神则渐行渐远。这种变化应该在多大程度上归功于伟大的拉丁浪漫精神，这个问题很难证明。如果没有维吉尔、李维，以及远不如他们但却影响巨大的追随者塞内加，情况会如何，这样的问题无法回答。德国广袤的森林，爱尔兰温柔的海风，都没有希腊那样清晰明显的轮廓。启蒙的薄雾让远方显得模糊，想象却可以自由驰骋，随心所欲。教会的势力逐渐强大，理所当然地将神学教条知识化，与此同时，东方的神秘主义也追随"比事物的自性更充足的伟大、更精准的善性和更绝对的多样性"的信念，开始产生影响。除了罗马文学，还有很多指向浪漫主义的潮流。但是，至少可以肯定地说，是维吉尔和李维顺应世界，开启了这场新的精神运动。从公元前4世纪初起，古典主义日益单薄枯竭。它表面光鲜贵气，内里已然朽腐。智识与风尚结合，诗歌由此而成。这一坏倾向自从亚历山大大帝文教盛世以来已几次置古典精神于生死绝境，维吉尔的出现似是致命一击。

"天才成于宁静致远，"歌德说，"英雄成于世风激荡。"这是浪漫主义的观点，生活在伟大时代的古希腊人对此肯定会强烈反对。对他们来说，世风激荡恰是培养艺术家——古典艺术家——的处所，他们总是关注生活。但那不是培养想象的处所。浪漫艺术家避开世间的熙来攘往，来到美丽而平静的隐居之所，在西西里的草地、在南方蔚蓝的海边，或者在英格兰某个湖畔的山坡上，在那里他们可以看见并描述常人看不到的事物。在奥古斯都时代的诗人中，只有维吉尔不喜欢罗马的生活。在他写作的那些年里，他一直待在那不勒斯港附近的乡村。奥古斯都对他关怀备至，且很早就认识到他的天才。但即使是这位皇帝，也只能说服维吉尔到首都做短暂拜访。

关于维吉尔，人们知之甚少。他的家在曼图亚附近，与贺拉斯一样，在共和国的事业失败后，他失去了家园。在那不勒斯，人们称他为"姑娘"，因为他的生活纯洁无瑕，也有人说是因为他的温文尔雅，也许两个原因兼而有之，才得此诨号。他去过一次希腊，贺拉斯曾写诗歌献给载过这样一位贵客的船只。有记载说，他在返回途中去世；还有一种说法是，他在第二次跨海之旅后去世。我们的文学评论家奥卢斯·格利乌斯，用很长的篇幅讲述了维吉尔怎样在临终前请求朋友们烧掉《埃涅阿斯纪》；"因为，"格利乌斯说，"他经过加工润色留下的那些部分，在诗的优美方面获得了最高的赞誉；而那些因为死亡而无法修订的部分，不能算最精细的诗人的品位。"据说，奥古斯都阻止了维吉尔临终遗言的实现。当然，这个故事的要点是要表明维吉尔追求完美的强烈欲望，他花在每部作品上的大量时间——光是写作《埃涅阿斯纪》就用了十一年——说明了这点。

开始创作《埃涅阿斯纪》之前，维吉尔曾写过两首或者说两组诗：先前的，Eclogues【选集】是对一位西西里诗人田园诗的模仿，但奇怪地将它们罗马化了，因此牧人时常不是在歌唱羊群、牛群、花团锦簇的草地和漂亮的加拉提娅，而是开始讨论政治活动，突然大声赞美恺撒；靠后的，Georgics【希腊词，耕耘土地】极其精巧也极其优美，是那些漂亮水果与花卉饰板在文学中的对应物。"是什么让麦田漾起微笑？在哪颗星辰出现时翻耕土地？什么时候将葡萄藤架到榆树枝上最合适？公牛需要什么照顾？繁殖牛犊有什么方式？在保存蜂群少量的共同财产时人们的经验有多重要？这就是我现在尝试的歌谣。"这首诗歌就这样开始了。它是用优美的韵文写作的实用农牧手册，没有事先准备似乎不可能完成这首诗歌，此后当然也再没有重复过。诗中仔细描述了每种谷物适合的土壤，以及播种、灌溉和除草的时间；用很长篇幅描述了怎样繁殖家畜，同时详细记载了它们容易染上的疾病及治疗方法；最后，还讲述了养蜂涉及的各种问题，包括它们异于其他所有动物的繁育方式——"用嘴从树叶和舒适的牧草中将幼蜂叼出来"，甚至维吉尔对此事实也略感吃惊。

这些有益的常识性指南得到了精心修饰："种植葡萄的最好季节是春天的生长期，是那有益于树叶生长和林地管理的春天。就在那时，掩盖了路径的森林里满是鸟儿动听的歌声，牛也适时交配。肥沃的土壤繁育万物，和煦的西风开启了田野的子宫。温和的湿气升起，笼罩着大地，娇嫩的葡萄枝上冒出了花蕾，绽开所有叶片。我相信，自混沌初开，也不会有比这更美好的日子，比这更快乐的过程。那正是春天——当坚强的人族从坚硬的大地上昂首而起，野兽被逐入森林，星辰被挂上高空之时，这广阔的世界正涌动着春潮。"

不过，寻章摘句无法真正展现这首诗歌的真面目。沉缓的叙述，农场生活的精雕细刻，对大地以及大地生成的万物的厚重感情，对劳动——它让大地生成万物——作为最高价值的认知，最后，是对本真的人类生活的美和意义浓重而富于感染力的描绘。

在这首诗中，维吉尔和拉丁语诗歌最大程度地接近了古典文学。

然而，实用主义仍不时地压倒艺术性。维吉尔看不出，牛的疾病为什么不能入诗。他长篇大论地讲述绵羊身上那"令人作呕的疥癣"、怎样用刀子在"肿胀的痛处切开一道口子"，以及当"黑血从病猪鼻孔滴下"时那"震得它摇摇晃晃的剧烈咳嗽",还有被疾病击倒的公牛临死时的痛苦,"抽搐并呕吐出血沫"。这是用韵文编写的朗朗上口的兽医手册。

那些与古典艺术格格不入但与浪漫艺术却一直非常协调的夸张语调,在这首诗中也并不罕见:"那头公牛站立起来,就像外海开始泛白的巨浪,如同鼓胀的船帆一般弯成弧形——也像海浪滚滚冲向沙滩,在岩石间发出可怕的狂啸,在壁立千仞的悬崖高处撞得粉碎。"诗歌就在快结束的时候一下子跃入狂野的浪漫主义,诗人漫步离开了他的蜜蜂,来到海底,与海里的各种奇异动物为伍,它们"怒目而视,草绿色的眼睛炯炯有神"。维吉尔终于尝试运用神话了。从这首诗歌的结尾到《埃涅阿斯纪》的主题,二者之间只有一步之遥。

浪漫主义的主题可以用古典主义的方式处理,古典主义的主题也可以用浪漫主义的方式处理。希腊神灵的美是人性的美,由艺术家从他观察到的活生生的凡人中升华而来;用古典主义的方式处理浪漫主义的主题,就是这样。这时浪漫性大打折扣:一座塑像是神灵,只因为它贴着这个标签。印度神灵的奇异之美,不同于尘世间所见的任何事物,那才是真正的浪漫主义。印度艺术家的想象力构思了某种超越人性,或者至少是有别于人性的东西。比较一下浪漫主义的《埃涅阿斯纪》和古典主义的《伊利亚特》,也会发现同样的区别。《伊利亚特》的主题与《埃涅阿斯纪》一样浪漫,确实是浪漫性十足:英雄们和诸神为一个美得无与伦比的女人开战,神灵们齐聚在银色的奥林巴斯山上,观看下界的战争,把胜利给予这一方或那一方。但是,如果把荷马处理主题的方式与维吉尔作比较,就能立刻发现古典浪漫主义和纯粹的浪漫文学之间的差别。

在《伊利亚特》中,阿喀琉斯失去了自己的盔甲,他的女神母亲乞求火神给他造一套新的。她发现火神"在他亲手用青铜建造的厅堂里,正汗流浃背、辛辛苦苦地忙着拉动风箱。他要铸造二十个三脚鼎,每个鼎下都装有黄金滑轮,以便来回滚动。难以置信的奇迹。火神正忙于铸造铆钉,为鼎装上精致的把手"。如此这般的神灵,就像古希腊的雕像一样,都是用古典主义的方式处理浪漫主义的主题,实际上是损害了浪漫性。古典艺术家居住在尘世;就算他升入天堂,天堂也是一副尘世景象。但是,当埃涅阿斯失去盔甲,他母亲出于同样的目的向伍尔坎求助时,她看到的景象没有丝毫尘世气息:"那座岛屿上耸立着火焰之山,在雷电之下独眼巨人用铸铁炉砸出一个山洞。用力敲打铁砧的巨响在岛上回荡,熔化的钢铁嘶嘶作响,炉子的大嘴中喷射出火焰。火神从高高在上的天堂降临到此,独眼巨人在那巨大的洞穴里铸造"——他们铸造的不是配有精致把手、能平稳滚动的三脚鼎,而是"伟大的天父手中的霹雳,把它倾泻在人世之上。他们将三条冻雨、三团水云放在一起,再加上三朵通红的火焰和南方的疾风,现在他们将可怕的闪电之光、响声、恐惧与不知疲倦的电闪雷鸣的狂怒混合在一起"。这才是真正的浪漫主义作家笔下可怕的火神和独眼巨人的铸铁炉。每个读者都肯定会觉得,闪电就是应该这样制成。

也许有人反对说,《伊利亚特》中的超自然画面并非古典主义,只是原始主义,但事实上,荷马作品和整个希腊艺术本质相同,都打上了强烈的现实主义烙印。这不仅是细节幼稚这么简单。就像米罗岛的维纳斯与赫耳墨斯一样,荷马的奥林匹斯山诸神也是依照凡人塑造。

当《旧约》的作者写上帝迎着凉爽的晚风在花园中散步时,他也像荷马那样,以古典主义作家的方式处理这个主题,让它显得愉快、奇异和迷人。但在《启示录》中的描述是,"我又看见一个白色的王座，与端坐其上的上帝，在他面前，天地无所逃逸"，这一段又是华丽的浪漫想象之作了。

对我们而言，浪漫主要指的是爱之激情。除柏拉图之外，希腊人不大认为这是文学的主题。他们实际上忽视了它。甚至希腊悲剧也很少涉及。我们知道，浪漫的恋人容易疯狂，而希腊人完全倾向理智。毫无疑问，《伊利亚特》围绕海伦而展开，但荷马冷静地用平铺直叙的手法描绘这位世界上最美的女人。当帕拉斯差点被墨涅拉俄斯杀死时，阿佛洛狄特救了他，把他带到特洛伊和他自己的住所。然后阿佛洛狄特找到海伦，把她带到帕拉斯那里。海伦闷闷不乐，不愿意去，对女神说，如果她这么喜欢帕拉斯，就该自己去服侍他，"他也许会娶你为妻——或者让你做他的侍女。我绝不与他同床共枕"。但在阿佛洛狄特的威胁下，海伦还是过去了，目光避开帕拉斯，轻蔑地对他说："你已经离开战场，希望你死在我丈夫那强有力的手下。你确实曾经夸口说自己与他不相上下。那就站起来——向他挑战。不过我劝告你别去——恐怕他会给你重重一击，将你杀死。"作为男人，帕拉斯知道，不管妻子怎么说，自己都会得到想要的东西，于是平静地听她说出这一切。他告诉海伦，墨涅拉俄斯此刻暂时获胜，但自己也会反过来将他击败。"不过现在是谈情说爱的时间。我以前从未觉得欲望如此甜蜜。他说着便走向舒适的睡椅，海伦跟随他而去。"再没有比这更不浪漫的描写了。愤怒、责骂、不情不愿的海伦，但帕拉斯对这些完全漠不关心，除了一件事。

维吉尔能够写出美好的爱情故事。埃涅阿斯和狄多不仅是我们第一部浪漫主义文学作品的男女英雄，他们也是伟大的恋人，其中更以狄多为盛。她"被残酷的爱情之箭刺穿，用生命疗治那伤口，在隐秘的激情下日渐衰弱"。如果她和埃涅阿斯在一起，"她开始说话,说到半中间突然停止";而他说话的时候,"她会仔细倾听"。夜晚降临,宴会厅里空无一人,这时,她会起床偷偷溜到厅里,找到他躺过的睡椅,伸展四肢躺到上面。"即使她自己离得老远,也能看见或听见他"。

打猎那段插曲更是在各种浪漫的点缀中开始的。在皇宫的大门前,"狄多的坐骑披着金紫色华丽马衣,烦躁地大咬马嚼子",女王"在众多随从的簇拥下走来,她紫色的斗篷镶着刺绣,背着黄金箭囊,头发用金饰束起,紫色的外套上也系着一只金色搭扣"。在浪漫文学中,男主人公的英俊几乎和女主人公的美貌一样重要。当埃涅阿斯加入狄多的队伍时,他"就像阿波罗刚刚离开冬季的吕喀亚,来到他的出生地得洛斯岛。他飘动的头发上束着一顶花冠,用柔软的叶子编成,并缠绕着黄金,肩上背着响箭。他飞快来到这里,相貌和风度无可匹敌,俊美无比"。当狩猎因暴风雨而中断时,他们俩会合的环境非常适合他们,倏尔即逝的闪电照亮了一个山洞——就像出自古斯塔夫·多雷画笔之下——里面回响着隆隆的雷声和山间宁芙女神的叫声。

在这个故事中,维吉尔在爱情描写上的态度,亦即罗马人的态度,将产生深远的影响。狄多犯下致命的错误,失去自己的好名声,从她高高在上的社会地位跌落。埃涅阿斯的命运却不同,这段故事对他来说只是插曲,他的好名声根本没受影响。朱庇特派来神使吩咐埃涅阿斯,不要忘记建立罗马城邦的重要职责,他准备启航,只是为难以把这个消息告诉狄多而痛苦:"他怎样启齿说起这事?"对她而言,当然一切都完了。她用温柔动听的话语乞求了他片刻:"逃跑,从我身边?为了这些眼泪和你发誓的手——因为可怜的我再也找不到其他理由求你——为了我们的结合,为了尚未举行的婚礼,如果我在任何方面有功于你,如果我有什么地方讨你欢喜"——但诸神已经说过,埃涅阿斯必须离开,只把死亡留给狄多及其受到玷污的名声。在此后几个世纪中,死亡也是陷入困境的浪漫女主人公的唯一庇护所。

与荷马及其对海伦的描写相比,这是一个巨大的变化。在有关女性命运的漫长文学道路上,如今已走过长长的一程。《伊利亚特》里,海伦根本没受谴责。不管身边那个即将拐走自己的是什么样的男人,一个女人除了跟他走,还能怎么做呢?全都归咎于帕拉斯。在《奥德赛》里,当忒勒马科斯来到墨涅拉俄斯的宫殿询问有关他父亲的消息时,海伦来到大厅里,美丽而平静。一个侍女为她放置了一把精致的椅子,另一个给她送来银制的提篮,然后海伦坐下,一边工作一边平静地谈论被毁的特洛伊,而男人们则崇拜地凝视着她。荷马的描写合乎逻辑:在那些年代,女人很无助,不能把过错推到她身上。但罗马女性再也不是那样了,她们是负有责任的人,是一股受到重视的力量。狄多显然不必服从埃涅阿斯。于是,为了寻求令人迷惑的平衡,一切都归咎于她。埃涅阿斯不受丝毫指责。这就是罗马人的观点,与早期所有关于卢克丽霞、弗吉尼亚之类的故事完全一致,并体现在维吉尔的诗歌里,传遍整个西方世界,差不多一直持续到19世纪末,甚至从未受到挑战。英国作家特罗普像维吉尔一样坚定地遵守这个规则:当可爱的女性屈服于蠢行时,她唯一的庇护所就是死亡;而男性在这种情况下的做法就跟埃涅阿斯一样,另外娶个女人。

对女性完全浪漫化的看法,也就是哈夫洛克·埃利斯所说的"愚蠢天使",在维吉尔的作品中只有朦胧的预示。这种角色从未在罗马找到真正的立足之处。狄多是罗马式的主妇,人们记得她是因为她死时给人留下安慰:她建立了一个辉煌的城市,并且为她死去的一个兄弟报仇雪恨。但这已经为后来浪漫文学中女性人物的发展打下了基础,那一长串漂亮、天真、轻信的女人走向毁灭,占据了数百年的浪漫文学,这样的角色都可直接追溯到《埃涅阿斯》。

再没有比战斗中的英雄主义和伟大壮举以及光荣的死亡更浪漫的了。这些,全都是希腊文学耻与为伍的观念。《伊利亚特》是记录战争的诗歌,但却很少谈及任何一种荣耀,关于高贵的死亡带来的荣耀更是只字未提。荷马的英雄们都知道,英雄主义有时需要,有时不需要。面对更强大的勇士时,他们会退缩,哪怕并不情愿,"因为这种强烈的悲伤钻进我的心,赫克托耳有一天会夸耀说我在他面前逃跑";但他们从未忘记这种常识性的观点,"逃避死亡不可耻,是的,即使是在晚上。逃离麻烦的人比纠缠于麻烦者更成功"。在特洛伊狂风呼啸的平原上,就事论事的气氛盛行。埃阿斯勇敢地与赫克托耳战斗,并抵挡住了进攻,到那一天结束时,埃阿斯获得了丰厚酬劳:"统治万物的阿伽门农,把一整块【烤】牛脊肉给埃阿斯,作为奖赏。"荷马笔下的英雄们经常大吃大喝,烹制美味佳肴,他记述有许多烹饪方法,如怎样用干酪碎屑、葡萄酒和大麦调制美味的饮料,用什么开胃品下酒最好等等。日常生活中的事情,和英勇行为一样,在荷马的作品中扮演了重要角色,正所谓"战争之乐"。

所有这些都与《埃涅阿斯》截然不同。《埃涅阿斯》中的英雄都不是凡人,而是更硕大、更强壮、更威严。在《伊利亚特》中,朝着战场前进的赫克托耳"像一匹膘肥体壮的马儿,在食槽里吃饱了肚子,这时他挣断缰绳,在平原上欢快地飞奔",或者"赫克托耳全身披挂,闪闪发光的青铜铠甲宛如天父宙斯的闪电"——这是全诗最浪漫的描写。但处于同一情境的埃涅阿斯,则"像阿陀斯山或艾伊克斯山一样雄伟,像父亲亚平宁一样精壮,他摇撼巨大的橡树,举起它白雪覆盖的山峰直刺蓝天",或者"就像神话中百臂百手的埃盖翁张开五十张嘴,从五十个胸腔里喷射出火焰,隆隆地敲击五十面盾牌,抽出五十把利剑——埃涅阿斯更是这样在整个战场上纵横驰骋才平息了他胜利的狂怒"。

除了狄多,《埃涅阿斯》中的所有人物都非凡夫。英雄们从没有恐惧,他们只为荣誉而战;在追求过程中,他们就像圆桌骑士或查理曼的武士那样蔑视死亡。一次又一次,"战士们遍体鳞伤,光荣赴死"。他们祈求死亡,并且心甘情愿地面对死亡。"我不怕死,"一位受伤的战士叫喊着朝埃涅阿斯走去,"我就要死了。""可怜可怜我,"另一位英雄被击败后祈求道,"把我摔到礁石上,摔到岩石上,那就没人知道我的耻辱了。"埃涅阿斯为自己没在特洛伊陷落时死去而深感遗憾:

> 特洛伊的废墟,还有我可怜的影子,
> 请你作证,在你最后陷落时
> 我没有逃避希腊人的任何刀剑,
> 如果命运希望我在战斗中倒下,
> 我会亲手证明我确实应该如此。

但荷马的英雄从不想死。死亡是最可怕的痛苦。"随后赫克托耳心里明白了事实,于是说道:'啊,现在不幸的死亡确实离我近在咫尺,我无路可逃。'说完这句话,死亡的黑影便将他笼罩,他的灵魂飞向哈德斯的冥府,哀叹自己的命运,告别了美好的青春与活力。"

确实,要区别古典主义者与浪漫主义者,再没有比他们处理死亡的不同手法更明显的了。总体而言,在拉丁文学中,死亡是人们渴望的。即使贺拉斯,所有罗马作家中最接近古典精神的人,也认为"为国捐躯是甜蜜而正义之举"。英语诗歌也有同样明显的倾向:"无可争辩的、正义而强大的死亡","可爱的、优雅的死亡,正义的宝石"——诸如此类,数不胜数。这是浪漫主义的观点:生活无法解释的神秘对灵魂的诱惑、对不可知背后一切意味的感受、临终时伟大冒险带来的刺激。但对古典主义者而言,死亡总是纯然的不幸。在这个意义上,荷马笔下的英雄说出了所有希腊人的感受。他那行众所周知的诗句——宁愿在世间做奴隶,也强于做统治死者的冥王——道出了古希腊人对死亡的看法。

点缀士兵墓碑的格言多是拉丁文,而非希腊文。古希腊的英雄主义总带有庄重的气氛,它从来没有欢欣鼓舞。希腊人在他们自己士兵的墓碑上所刻的碑文,既不会赞美英雄之死,也不会说到死之荣耀。在他们的所有文学作品中,这两样都很少谈到。他们对带来死亡与荣耀的痛苦看得太清楚了。那位将手伸入烈火的罗马男孩无疑非常高尚,这个蔑视的手势十分庄重,但我相信古希腊人很难理解这一点。古希腊人没有手势。埃涅阿斯在碰上大风暴时举起手,向天空吼叫道:"啊,三倍四倍地祝福你们,那些在特洛伊城墙下死去的人。"这句话引自《奥德赛》,但埃涅阿斯表达的方式截然不同。奥德修斯说这番话时蜷缩在船舱底部,悲惨地自言自语。很难想象古希腊英雄会对着狂风巨浪慷慨陈词,但这种情境完全适合拉丁文学。《埃涅阿斯纪》中的所有交谈都很庄严。对浪漫主义者维吉尔来说,日常事物在史诗中没有一席之地。但古典主义者荷马的想法则不同。

正如《伊利亚特》的真正主题是阿喀琉斯的愤怒,《埃涅阿斯纪》的真正主题是浪漫主义者从过去伟大的历史中看到的罗马及其帝国的荣耀,而不是埃涅阿斯。它的第一个题目是"罗马人的功绩"。埃涅阿斯的重要性在于他肩负罗马的命运,按照最高的天命,他将成为罗马的奠基人。这首诗歌里反复列举罗马的建立者,他们在高贵的诗歌中照亮了历史:"爱国之情以及对荣耀的无限渴望将占上风。看啊——德奇乌斯和德鲁西斯家族,还有托尔夸图斯挥舞他无情的战斧,卡米卢斯将救下的军旗带回营地。谁不对你赞不绝口,伟大的加图,还有你,伟大的卡索斯;谁会绝口不提,忽略格拉古家族或两位西庇阿——迅如霹雳的战争双生子和非洲的征服者,或者手握大权但清贫廉洁的法布里奇乌斯,还有你,赛尔腊努斯,亲手在自己耕作的土地上播种。我相信,罗马还将出现其他多才之人:有的比我们更擅长铸造栩栩如生的铜像,仿佛它们拥有柔软的躯体;有的会用大理石雕刻出活生生的脸庞;有的在法庭上将比我们更擅长辩论;有的能用尺子标出空中的轨迹,谈论正在升起的星星。但是,罗马人,你记住,你应当用强大的力量统治万国。你的策略应该是施行和平的传统,宽恕卑微者,而用战争征服傲慢者。"

这些词句是李维历史著作的诗意浓缩。任何文献都没有提到这两个人之间有联系或彼此相识,但他们的作品之间的关系非常接近。李维比维吉尔年轻得多,不过,在他着手撰写其历史著作约十年或十二年之后,维吉尔才去世。他们肯定知道彼此的作品,李维要记录"这座伟大城市的奠基,以及帝国——如今这个力量仅次于永恒的诸神——的建立",这也正是维吉尔所想。两人的主题相同,这位散文作家也以几乎和那位诗人一样的浪漫眼光看待这个主题:罗马由具有宏阔品性的人建成,他们是神圣天命的代言人,他们具有纯朴良善的禀赋,与文明的堕落格格不入。

一组威严的人物排成神圣的队列,行进于李维的史作。他们包括士兵、政治家和爱国者,所有这些英雄甘愿为了罗马而牺牲,也因此而永垂不朽。古典主义那种探寻事实的意识曾如此驱动泰伦斯的朋友、古希腊历史学家波利比奥斯，以至于他在动手写作汉尼拔翻越阿尔卑斯山的故事前，必得亲自翻越山脉——这在当时是可怕的旅行——以验证相关记录是否属实；他也一定要东奔西走，查看古老的碑铭或古代的书籍。但李维丝毫不受这种意识困扰，他非常肯定自己真正关心的唯一立场，即"在公开的战斗中或旗鼓相当的条件下，罗马人未尝败绩"，罗马参加的每次战争都"正义且虔敬"，罗马的所有敌人都卑鄙而奸诈。当各种权威典籍的记录有所不同时，李维的简单做法就是选择对罗马最有利的记载。作为历史学家，他不如希腊人严谨，但在写就《罗马史》之后，他的影响力一直活跃了几个世纪；而波利比奥斯记录的史实如此准确又如此枯燥，使他在学者的图书馆外几乎无人知晓。波利比奥斯对汉尼拔的纪录极其仔细，但根本无法给人留下深刻印象。我们了解的汉尼拔是杰出的作战天才，是勇敢无畏的阿尔卑斯山征服者，是意大利的灾难，而这些跟卓尔不群的坚韧和忍耐力最终将他击败的场景一样，全都出自李维笔下。

李维是一位伟大的作家，拥有伟大的想象力所需的激情和力量。一定不要认为，他有时让自己沉迷于杜撰。他是有良心的人，只想记录真实。李维在其著作前言中写道："此类在这座城市奠立之初或之前就有纪录的事情，与其说是建立在纯粹、忠实的记载之上，不如说是发端于诗人的传说。我不打算维护或反驳它们。"李维的诚实无可指摘，只是他的批评有些不足，艺术家很少能成为批评家。

歌德曾笼统地描述英国作家，说灵感就是他们的一切，而思考无关紧要；这非常适用于李维。他只看见历史舞台上的演员，戏剧产生的前因后果和幕后事情对他来说无关紧要。他真正的兴趣在于描写人——罗马人——的美德与伟大。他有乐天的性格，这种性格往往与浪漫气质、与热情洋溢相伴相生。李维历史著作中的人物生动鲜活，因为他们的行为与痛苦也点燃了他自己的激情。然而，他一直牢牢把握着人类本性的主要法则；他透过想象表现出的洞察力胜人一筹。李维能够把自己放在他笔下一个伟大的罗马人的位置上，以准确的领悟力理解他。李维满腔激情地热爱自己在罗马早期看到的共和制的纯朴、艰苦以及敢于自我牺牲的爱国主义，也从整体上牢牢地把握了真正属于罗马的伟大品行。通过对这种真正罗马的伟大品行的准确把握，他得以描绘出一个国家的特征，让它像任何重要文学人物一样活在读者心里，在这点上李维前无古人、后无来者。对我们来说，罗马就是李维笔下的罗马。

很难把李维归入我们通常理解的历史学家之列。他不只是历史学家，他写出的东西具有一种完全不受准确性制约的趣味。他是一位伟大的浪漫主义历史学家——如果这个名词能得到承认的话。就像维吉尔一样，李维将浪漫主义发挥到极致，提出了一种既非超自然、亦非超人类的理想，尽管它至今尚未实现，却让人觉得它立刻就能实现，并且在无数读者心中激起将它付诸实现的渴望。

然而，与古典主义如影随形的总有陷入枯燥乏味的浅薄的危险，总有只追求准确性而忽略生活性的迂腐行为，从而在寻求事实的狂热中失去精神；同样，浪漫主义也有一种与之相伴的坏的倾向：感伤主义。二者之间的界线如此微细，如此易于跨越，以致维吉尔就不止一次越界。浪漫主义是想象性的，而感伤主义是不真实的；浪漫主义是理想的，而感伤主义是虚假的。所有感伤主义都打上了不真诚的烙印：感伤是无意识的不真诚。就此而言，浪漫主义者跟古典主义者一样真诚，只是他的真实观有所不同。但感伤主义者不关心真实性，他们总是相信自己需要相信的事情。

在李维和维吉尔去世后不久，感伤的浪漫文学就来到罗马，并占领了一片此后特别向它敞开的领域：戏剧。差不多可以肯定地说，感伤主义戏剧应该是罗马的产物。在夸张与感伤之间存在密切联系。感伤的东西总倾向于夸张，罗马人有自然而强烈的夸张倾向，因此特别容易感伤。在感伤的浪漫文学中，任何事物都可接纳。作家的唯一目标就是以一种勾起听众兴趣的方式说出他们想听的故事。至于后者，他的选择范围更广，尽管他只喜欢令人愉快的东西，但他不需要费心地考虑什么是自然的、可能的。在不同的时代和不同的国家，感伤主义的形式不同，但我们很容易看清它们共同的来源。罗马的感伤主义当然主张人类具有伟大的、英勇的天性，在浪漫文学中，所有富于同情心的人物都必须拥有无畏的勇气和坚定的刚强意志。可以肯定地说，即使塑造可爱、无助人物的观点持续了好几百年，比古罗马还要历史悠久，它也绝不会在古罗马获得真正的发展。不过，总体而言，感伤主义思想的一般范畴跟现在差不多。不管在什么地方，感伤文学中受人欢迎的男女主人公都表现出了他们的罗马血统，总是视死亡如微末。就像现代一样，对罗马感伤主义者而言，每个人都愿欣然为国捐躯，每个母亲都出于同样的目的想把儿子送出家门。穷苦而地位卑微者比有钱有势者更幸福，与大理石厅堂相比，童年时代的老农场更受喜欢，母亲总是母亲，等等。

所有这一切都与古希腊人想要的东西相反。古希腊悲剧一直都拥有浪漫的主题。悲剧的核心思想产生于奇异，产生于伟大心灵遭受的深重苦难；但是，对古希腊人而言，这个主题必须以古典主义的方式加以表现，也就是说，其表现方式与感伤文学截然相反，没有一点夸张，没有一点背离自然。古希腊悲剧没有我们所理解的媚俗。它是一种素朴、保守、刚好处在冷酷边缘的艺术的产物，是用最难以达到悲剧性的方式创造的悲剧，严格限制形容词、铺陈和细节。它也没有罗马人自己所说的媚俗。就在维吉尔去世后不久，一位大师产生了重写古希腊悲剧以适应当时罗马趣味的想法，他因此成为感伤主义戏剧的鼻祖。

他的名字是塞内加，他最著名的身份是政治家——曾有数年执掌罗马权柄——和斯多葛派思想的虔诚倡导者。但给他带来最持久声誉的，则是他对戏剧的影响。除了斯多葛主义，他还有强烈的浪漫主义倾向。他致力于改造古希腊戏剧，让它们能够迎合古罗马观众的趣味。阅读塞内加的著作就像透过一面放大镜观看浪漫文学和罗马。

也许最惊人的例子就是塞内加的《特洛伊妇女》，它以欧里庇得斯的悲剧为蓝本。比较这两部戏剧，就可以清楚地说明感伤主义浪漫文学的写作方式。

这两部戏剧都从特洛伊陷落不久后的战场开始。欧里庇得斯展现的是睡在前面地上的一个老年妇女。随着晨光降临，她慢慢醒来，痛苦地站起身。她自言自语，只有悲痛欲绝的老年妇女才会说出她那番平静得几乎有些沉闷的话语：

> 快从地上抬起疲倦的头颅吧。
> 这不是特洛伊，周围和头顶——
> 都不是特洛伊，我们也不再是贵族。
> 挺直那似乎已断裂的脖子吧。
> ……
> 我是谁？在这里，
> 坐在一个希腊国王的门前——
> 我是个无家可归的女人，
> 独自为自己的死亡哭泣——

整段话都纯然是普通人的口气,完全没有我们所说的王后气质。对塞内加而言,这样的台词非常拙劣,不适合人物的王室身份,肯定会让罗马观众厌恶。我们发现他笔下的赫卡柏站立着,双目炯炯有神,身上处处显示出王后气质,而且她是对着苍天说出下面这番话的:

> 不管谁信赖皇家权势,
> 在宏伟的官殿里统治,依赖财富,
> 就让他看看你特洛伊,再看看我。
> 命运展示了最好的证据
> 证明妄自尊大者依靠的东西多脆弱。
> 现在高大的栋梁断裂倒塌——强大的亚细亚倒下。
> 跟我和我的亲人作对的神灵啊,
> 我呼唤你们作证,我也呼唤你们,
> 伟大的英雄,我的孩子们:请证明我
> 赫卡柏,当初预见了所有的灾难。
> 我最先预见这一切,并且不怕说出来。
> 我告诉你们——

塞内加的台词通篇如此,没有丝毫可怜或人类的弱点。这个赫卡柏不是受苦的女人,而是伟大的王后,任何灾难都无法击垮她的勇气。她也是一位有权威的、举足轻重的罗马主妇,可以对任何主题发表自己的看法,而且总喜欢讲"我早就说过",符合大众对她的想象。当然,她也完全蔑视死亡。"别为普里阿摩斯之死哀悼,"她和特洛伊妇女们彼此告诫,"死亡是他的幸福,正与所有在战斗

中死去的人一样。"欧里庇得斯的赫卡柏却说:

> 死亡与生命不同。死亡之杯
> 空无一物,生命则充满希望。

她没有英雄气概。她听说希腊首领已经抽签将她和她的同伴瓜分,而她落入了最憎恨特洛伊的敌人手中,这时她只是哀叹道:

> 为我哭泣吧,
> 我真是不幸之极。

但塞内加的赫卡柏却得意地听说没有一个希腊将领愿意抽签决定她的归属——读者很容易理解这样的安排——于是叫喊道:

> 他们怕我!我一个人就让希腊人害怕。

这两部戏剧的高潮都是安德洛玛刻小儿子之死,为了把赫克托耳的家族斩草除根,希腊人必须杀掉他。在欧里庇得斯的戏里,一个很有同情心的传信者被派去带走男孩,他温和地对那位痛不欲生的母亲说:

> 他们下令这个男孩——哦,
> 我怎样告诉她这个消息?他们决定
> 处死你的儿子……不,由着他们去做吧,
> 你这样就明智得多。
> 不要这样拼命抱住他——

希腊人派出这样一名传信者，他不会给罗马观众留下什么印象。塞内加自己无疑认为，在伟大的赫克托耳之子死之前，这样一席话太过平淡了。在他笔下，传信者一上场，刚开口宣布这个坏消息，就感觉内心深处一阵恐惧，可怕的战栗让他四肢发抖。因为他看见——"我看见，我亲眼看见"——太阳出现日食，一场可怕的地震摇撼大海，震塌悬崖，推倒森林，撕裂大地，打开可怕的洞穴，从里面呼出的仿佛是来自死亡的气息——以招引出阿喀琉斯的魂灵。

欧里庇得斯利用安德洛玛刻与那孩子告别之机，描绘出一幕前所未有的动人的痛苦场面：

> 去吧，走向死亡，我最爱的、最宝贵的孩子，
> 你落入暴徒手中，留下我孤零零一人……
> 你在哭泣？
> 不，为什么呀，我的小宝贝？你不会明白……
> 你这可怜的小家伙
> 蜷缩在我怀里，多么甜蜜的气息
> 从你脖子上散发……亲吻我吧，这是最后一次。

塞内加不喜欢这样。那位古希腊诗人将特洛伊王妃中最富神话色彩的人物变得世俗，让她体验到普通女性的痛苦感觉。罗马观众期望赫克托耳的妻子有更好的形象。塞内加的安德洛玛刻是一位母亲，是舞台上最威严的母亲。她告诉其他特洛伊妇女，如果不是因为她的孩子，她当然会在赫克托耳死去时立即自杀：

>他阻止了我，是他控制了我。
>是他让我无法寻死。
>……啊，他从我这里拿走了
>最可怕的不幸带来的最大奖赏，
>让我无所畏惧。

然后，她决定将儿子藏起来，告诉希腊人说他死了。但按照那个把手伸进火里的罗马男孩留下的伟大传统，这孩子以骄傲的姿态拒绝屈尊采取这种行动。安德洛玛刻很高兴，因为这证明她儿子拥有高贵的精神，她叫喊道："你蔑视寻找安全的藏身之地，我了解你的高贵本性。"不过，他很快克服自己的不情愿，藏了起来，这时尤利西斯来带走这男孩，并立刻怀疑其中有诈。尤利西斯威胁安德洛玛刻，如果她不交出孩子，就要用酷刑折磨她，并且描述了酷刑的细节。她当然不为所动，并且告诉尤利西斯，母亲们从不为自己感到害怕。甚至当那个孩子最终被发现时，她也保持着高傲的镇静。她嘱咐孩子要快乐，希腊人杀他是因为害怕他："你只是个小男孩，不错，但已经让人感到害怕。"

在欧里庇得斯的戏中，使者把那个孩子的尸体带回给他母亲时，安德洛玛刻已经离开，作为战俘登上一艘希腊船只，到杀害她儿子的凶手那里去。那孩子的祖母接过小男孩的尸体，平静地对它说道：

>可怜的孩子。
>难道我们古老的城墙如此野蛮地
>扯掉你的卷发……你的母亲曾在这里
>留下亲吻。而今头骨破裂的边缘磨掉了

> 上面苍白的笑颜——苍天啊，我再也看不到……
> 他可爱而骄傲的嘴唇，曾经充满希望，
> 现在已永远闭上——

然后，她和特洛伊的妇女们把尸体包"在白色的亚麻布里"，把它埋葬在"卑微的坟墓中"。除了赫卡柏那几句简短的话，再无人提到死亡的恐怖。

塞内加笔下的传信使没有带回男孩的尸体，他详细地解释说，希腊人从非常高的地方扔下那孩子，地上除了深深陷入泥土的尸体碎片，什么都没留下。然而，他告诉那位母亲，她肯定会为自己的儿子感到自豪，因为那孩子勇敢无畏地面对死亡，大步走到处死他的地方，没有丝毫步履蹒跚。那男孩到达最高处时，便毫无畏惧地望着希腊人，他们全哭了，包括尤利西斯。除了那个高贵的男孩，没有一双眼睛是干的。然后，这个孩子推开那些抓住他的手，自己纵身跳下，死去，摔得粉身碎骨。"正像他的父亲一样。"安德洛玛刻说。接着赫卡柏总结说，单是死亡就令人向往。这出戏到此结束。

如果说文学只是那些最优秀的作品，那么塞内加对拉丁文学来说无关紧要，但由他首创的感伤主义戏剧一直到现在都拥有其他戏剧难以匹敌的声望。如果说巨大的影响力会造就文学大家，那么他就接近了一流文学家。在塞内加的戏剧里，罗马思想和情感的倾向如此鲜明突出，读者一看就知道，绝不会搞错。他明确无误地勾勒出罗马精神区别于希腊精神的清晰轮廓，他再次证明我们不是古希腊的继承者，而是古罗马的精神后裔。

第十二章
尤维纳利斯的罗马和斯多葛派

尤维纳利斯眼中的罗马生活,
充满了不可宽恕的罪恶。
斯多葛派学者眼中,
罗马生活最为崇高,
从未有丝毫堕落。

随着奥古斯都去世,历史翻开了奇特的一章,怪异而难以理解。在他死后不到两个世纪里,拉丁文学实际已告结束,罗马帝国也开始衰落。奥古斯都时代的天才们著书立说,两千年影响不绝,让我们确信那是些不朽之作,然而正是它们预示着罗马文学的迅速堕落和彻底绝灭。历史学家们宣称,公元2世纪罗马接连出现四位伟大善良的皇帝,给欧洲带来了此后再未出现的一段和平繁荣期。但是,就在那个世纪,帝国强健的机体开始崩溃。这四位贤帝中的最后一位,马可·奥勒留,是罗马贵族哲学斯多葛主义的虔诚追随者。他将这个哲学流派抬高到御座之上,依靠他的力量,斯多葛派达到了新高度,获得了新荣耀,但也随着他的去世而终结。从此以后,在那些流传至今的文学中,斯多葛主义不再被当作一股巨大的影响力量。罗马帝国建立后最初两个世纪的历史,记录了招致自身毁灭的文学,记录了让罗马政府摇摇欲坠的伟大统治者,也记录了一场在达到最高巅峰后消亡的伟大精神运动。

没有人怀疑这三者之间的彼此联系。必定有相同的原因隐藏其后，而终极原因必定是整个世界最终依赖者的逐渐衰弱和毁灭，这最终依赖者就是人的能量和勇毅、德性和视界。这无疑发生在这些灾难性的年月里，但当时作家的记录存在极大分歧，根本不可能把他们的言词综合成条理贯通的整体，或者通过清晰的细节看清因果勾连。

在古罗马走向衰亡而拉丁文学几乎已消失的那两个世纪里，三个名字脱颖而出：一是历史学家塔西佗，他是堪与早先作家比肩的天才人物；二是睿智而辛辣的讽刺作家尤维纳利斯；三是感伤戏剧的鼻祖塞内加，他给我们留下了斯多葛派学说在拉丁语中最好的解释。塞内加的两位伟大的继承者爱比克泰德和马可·奥勒留选择用希腊语表达自己的思想，因此从理论上说不属于罗马文学。不过，就表现斯多葛主义从希腊传至罗马时发生的变化而言，他们与塞内加同样重要。这三位最后和最著名的斯多葛派学者留下一幅清晰的画面，描绘了二流的希腊哲学派别发展成为一流的罗马宗教导致的结果。这幅图画，连同塔西佗的历史著作以及尤维纳利斯的讽刺文学一起，成为我们了解正统的古典时代走向终结的那些重要年月最好的资料来源。

但这些资料来源并非彼此一致。尤维纳利斯和塔西佗笔下的罗马跟斯多葛派学者笔下的罗马迥然不同，根本无法相信他们描写的是同一个城市。那位历史学家和那位讽刺作家眼中的罗马生活，充满了不可饶恕的罪恶；而在斯多葛派学者眼中，罗马生活最为崇高，未有丝毫堕落。对尤维纳利斯而言，罗马的私人生活充满令人憎恶的罪恶；对塔西佗而言，公共生活是恐怖横行的疯狂统治。在塞内加的书信中，在爱比克泰德的谈话中，在马可·奥勒留的日记中，则弥漫着一种虔诚气氛、惩恶扬善和高尚的力量，这在全世界文学作品中都很罕见。在古罗马的最后时光，各种极端对立并存共生。一个极端的反应不会导致另一个极端：一面是对人类无可挽回堕入深渊的悲观无望的黑色精神，另一面则是对人类神性坚定不移的信念。

塔西佗和尤维纳利斯描绘的画面，为世人广泛接受。它如此生动有力，它的细节如此令人信服，色彩如此幽暗又如此迷惑，给人印象深刻，让人无法拒绝。相比之下，所有其他有关恶行的记录都显得苍白。同时，两位作者的真诚一目了然。尽管他们讲述的事情如此可怕，事实大致如其所说，对此读者未有怀疑。然而，探寻真相，不只需要真诚加精准。比二者更重要的，是不偏不倚。让自己置身谈论主题之外，并将个人偏见弃置一旁，这种能力是首要的前提，而这点无论那位历史学家还是那位讽刺剧作家——尽管他们伟大——却都做不到。他们给自己确定的任务——尤维纳利斯是要抨击自己生活的时代，塔西佗是要记录这个时代的历史——都特别需要一种平衡的判断力，而他们自身都过于接近那个时代的罪恶，以致无法保持平衡。他们自己的生活都很不幸，尽管原因完全不同。因此，在开始写作之前，痛苦就已扭曲了他们的观点。

关于尤维纳利斯的生平，没有直接材料，只知道他的人生在公元1世纪末和2世纪初时一落千丈。他从不写自己。不过，没有哪个读过其讽刺作品的人会怀疑，他非常贫穷又非常高傲，在贫穷会永远受到侮辱和蔑视——常常来自下等人甚至奴隶——的城市悲惨过活。尤维纳利斯的保护人不是梅塞纳斯。此人为受资助者所做的一切就是，偶尔邀请他们赴宴，招待他们的食物和自己面前的有天壤之别。他大啖龙虾和芦笋、来自科西嘉岛的鲆鱼、来自西西里岛的七鳃鳗、肥鹅的鹅肝、巨大的阉鸡、加块菌烹煮的野猪和孔雀——"神灵啊！整整一头猪！全吃光了！——继续！再把孔雀塞进肚里。"饥肠辘辘的客人们只得到一只小螃蟹、一条从排水沟里抓来的鳗鱼和一种不知名的蘑菇。他们耳语道:"他肯定会把吃剩的兔肉和野猪腰腿肉的残渣留给我们。"但是,没有。"如果你能忍受这一切,"尤维纳利斯咆哮道,"你就活该受此待遇。你将顺从地挨鞭子。"人们看见,这位天才昂首阔步地回到他的阁楼,怒火中烧,一直待到咕咕叫的肚子驱使他再次来到富人门前。

在一段文章里,他描述了一位教师的命运,读者不禁会怀疑,字里行间藏着私人经历。"你教过书吗?学生们依次站起来,以一模一样的方式背诵一模一样的东西,老师们可真需要坚强的意志。每天都是同样的琐事,翻来覆去——还不如让可怜的老师去死。'我有什么不愿意教呢,'他叫道,'孩子的父亲会像我一样时常听他背诵。'而你栖身的洞穴,连铁匠也无法忍受——还有那臭烘烘的油灯——还有学童们翻动那满是污迹的贺拉斯和熏得黑漆漆的维吉尔——还有一万分肯定的,父母们要求老师像捏蜡一样捏塑那些年轻的头脑——还有,当一年结束时,他的回报就是与骑师差不多的薪水。"

被迫过这种生活的这样一个人,一位天才,异常敏感,处处感到地位的卑微,为接受鄙夷的人扔过来的残羹冷炙而厌恶自己,他不可避免地会认为生活黑暗、走投无路。"就算全无禀赋,"他叫喊道,"我的屈辱也会代我写下诗行。"

仅凭自身经历——如果他给出的凭据可以毫不怀疑地被接受——他就能清楚、彻底而令人信服地解释罗马衰落的原因。他笔下的罗马,被卑鄙、堕落的人们盘踞;那是美德已经消失、人们只有痛苦的地方。它是噩梦般的城市,男人们"金杯中的葡萄酒冒出气泡时,他们不得不担忧里面是否有毒药",而"精于投毒技巧"的妻子们"忙着埋葬丈夫乌黑的尸体",每天你都会碰到有人"用乌头毒杀半打亲友"。这是一个"想到受引诱的贪婪儿媳、失去贞操的新娘、充其量十几岁的奸夫，没人能够入睡"的地方，一个"每条街道都充斥着脸色阴沉的浪荡子"和庆祝违背人性的乱伦宴会的地方，一个到处是"用温柔耳语割断别人喉咙"的探子的地方，一个妇人不正派、男子无诚信、所有财富掠夺靠欺诈、所有职位窃取靠卑鄙——"如今只有作奸犯科者才声名显赫"——的地方。

这幅景象，与一个世纪前贺拉斯前往梅塞纳斯家取道经过的城市有霄壤之别。无疑，百年沧桑。然而，这种变化如此剧烈，人们不禁怀疑，这差别完全是两个罗马的差别还是和两个叙述者也有干系。贺拉斯写作时，没有理由杜撰——当然，作为罗马爱国者的职责迫使他作假的地方除外。但从本性上，他没有什么先见让他非得强调光明面或者黑暗面，而且，他能非常宽容地看待人类的本性。他讽刺甚至谴责了许多人；他很少认为人们伟大、善良，有时认为他们令人无法宽恕；他无论如何算不上乐观主义者，他对罗马的了解既深且透。然而，读完贺拉斯的讽刺作品，没人会感到人类世界可憎。贺拉斯也没觉得世界可憎。他的眼睛既能敏锐地发现恶，也能敏锐地发现善。人类虽然愚蠢脆弱，贺拉斯仍然爱着他们。

这种心态，让人能够真实地评价周围的世界。但它不为尤维纳利斯所有。他的讽刺作品让人怀疑他是否喜欢过任何事物，在他看来，他生活的世界如此黑暗与邪恶。每次提笔，仇恨和狂暴的愤怒都会洪水一般席卷而来，裹挟着他去抨击任何事物。他无法明辨；一切都令人憎厌，一切都同样令人憎厌。

尤维纳利斯的态度和写作手法，在他著名的第六号讽刺作品里或许表现得最明显。他作为那个时代的记录者有多高的可信度，从这同一篇作品里也最容易判断。这篇作品被称为尤维纳利斯的"坏女人串串烧"，不过用"女人的作风"作题目更合理，因为所有女人都是坏人，无论她们絮叨着希腊语、喋喋不休地讨论诗人，还是毒杀继子,都一样面目可憎。

这篇控诉太长,不便在此引用,不过只需看看前半部分对主要人物的大致描写,就能明白其写作手法和内容:什么!你这个曾经有点理智的人现在居然要娶老婆——娶个女暴君,用绳子来给自己打个活扣?但是,他说,他想要个儿子!还想要个有德行的女人!哦,医生啊,来给他放放血吧。想想那个为了个角斗士就离开丈夫的女人,想想梅萨利纳皇后的恶行。但是看看吧——女人的欲望还是她们最轻微的罪行。有个女人给丈夫带来一大笔财产——还有和嫁妆一起带来的特权。她可以在丈夫鼻子底下写情书。男人们和他的妻子都打得火热。为什么?打开天窗说亮话,他爱的是她的脸蛋,不是她自身。只消三条皱纹爬上额头,爱情就会"玩完,他会另娶个老婆"。直到那时,她仍颐指气使——也仍挥霍无度!再想象一下,能找到一个女子,迷人、富有、贞洁,谁又能忍受娶个十全十美的人?我宁愿娶任何荡妇为妻也不要你啊,格拉古之母。男人再怎么爱一个女人,至少在十二小时中也会有七个小时在恨她。或许一些缺点不足挂齿,但对丈夫而言她们令人难以忍受——比如,一个总喜欢炫耀自己希腊语的女人。当然,如果你确实爱你老婆,你可真是没指望了,没有哪个女人不伤害爱她的男人。她会干涉你的友谊,让你的老朋友不敢登门。"钉死那个奴隶,"她叫喊道,"怎么?这个人性命难保,居然还给他申诉的机会。""白痴——居然把奴隶叫做人。哎呀,我就愿意这么干。"她就是这样操弄一切——然后厌倦丈夫,另寻新欢——五年找了八个。当然,只要你丈母娘还活着,就别想得安宁。但凡有纠纷,就有女人的份儿。法庭上的案子,归根结底没有一件不是因女人而起。但是,她们已经喜欢上了纠缠,你还能有什么指望?女人就像这样谦卑?当做那些事时她自己心里都在打鼓!假设你发现她和情夫待在一起,她羞耻吗？听听那位夫人的："我们早就说好，我走我的阳关道，你走你的独木桥。"现如今，女人会深夜大吃牡蛎，喝到天旋地转。我的老朋友们建议——把你的女人留在家里，关门上锁。好——但是谁来看那些看守者？女人各式各样，全都难以忍受：抱着乐器附庸风雅的女人们，与身着戎装的军队将领交谈、能告诉你东方人图谋的女人们，还有最糟糕的，谈论维吉尔和荷马的女人们。看在老天的分上，找个目不识丁的老婆吧。一个女人引用我从未听过的古诗，我对此深恶痛绝。她们全都用生面团和油膏糊脸。她们会为了社交清洁脸面，但她们几时希望自己在家里看起来漂亮？

诸如此类，还有好几百行，包括对继子们的警告，当心"继母烘烤的热糕点，被毒药染得墨黑"，而诗歌结尾说到，你每天早上都会碰到谋害亲夫的女人——"哪条街道没有自己的克吕泰涅斯特拉"。

洞悉尤维纳利斯的生活观，这是很好的例子。他笔下女人们的形象有几分可信，他笔下的罗马就有几分可信。他如此痛恨女人，以至于失去了洞察力，或者，更坦率地说，他从未有过洞察力。可怕的罪行和愚蠢的习俗都同样受到永恒的诅咒，而且发生了任何事都是女人的错。因为长了三条皱纹而被抛弃的女士，也成了恶人，而非受害者。

他的诚实无可置疑。诚实贯穿了他的所有作品。他诚挚得可怕，真实得要命。当然，自己笔下的所有可憎的事物都是亲眼目睹，他说他看到了，但不管是出于他的性情，还是他的不幸，他无法看到任何不令人讨厌的事物。他厚古薄今的信念根深蒂固，而且越古老就越好。在最后一部讽刺作品中——据他说，写作此文时，如同苛刻导师一般的晚年已将他攥在手心，这时他的作品的名声肯定也让生活不再像从前那么对他板着面孔——他的愤世嫉俗变得温和。"悲伤的穷人怎会唱歌?"他在一部早期的讽刺作品中曾这样写道,"贺拉斯可是脑满肠肥。"显然,要思考这两个人对各自时代的不同描述,这种解释非常重要。人们对自己所犯过错的愤怒很容易与他们对世界的过错的愤怒混淆起来。

塔西佗,尤维纳利斯的同时代人,一位更为伟大的作家,迄今为止罗马最伟大的作家之一。他同样遭受了很多磨难,同样认为生活总体是邪恶的,邪恶得无以复加。塔西佗不像尤维纳利斯那样贫穷;他出身富贵之家,青少年时代初期正是罗马帝国最恶劣的时期。尼禄被杀时,他很可能才十来岁。尼禄统治末期的暴行,肯定是他整个童年时期熟悉的谈论话题。塔西佗长大成人的那些年,图密善刚好登上皇位。当这个怪物死掉时,塔西佗最美好的年华也告结束。那些年里,除了卑贱的谄媚者,人人噤声。"古代,"塔西佗写道,"见证了自由的巅峰,我们见证了奴役的巅峰。打压异己剥夺了言论和倾听的基本权利,如果我们像擅长装聋作哑一样擅长遗忘,我们就会失去发出声音的记忆。现在我们终于【随着图密善的死亡】恢复了呼吸,然而,天才和学识消失容易恢复难。我们的生命减损了十五年光阴,我们是悲惨的幸存者,挺过了那些被剥夺的岁月,劫后残生。"心怀着这些忧郁而感人的文字透出的精神,塔西佗撰写历史。

塔西佗带我们走进的城市,在道德方面与尤维纳利斯笔下的城市大体相同,但它是政客和朝臣的城市。塔西佗的世界是宫廷与元老院的大世界,是他自己进入的圈子,与尤维纳利斯相距遥远。这是西塞罗和贺拉斯熟知的罗马上层社会,但在他们俩和塔西佗之间却也鸿沟千尺,很难相信如此分割竟只需一个世纪甚至不到。

奥古斯都继位者们的历史,根据塔西佗的叙述,是一段让不受限制的可怕权力弄得疯狂的人们的历史。成为文明世界的绝对主宰，获得最彻底意义上的自由，能够立刻满足脑子里刚刚想到的任何希望，不管多么奢侈的怪念头都可付诸实现，任何欲望都不受阻碍，不受世界上任何个人、任何法律、任何习俗、任何宗教的阻碍——对于最早承担这种可怕职责的人们来说，这过于沉重。在随后那个世纪，出现了一些胜任的统治者。在罗马历史上，这个事实的确比其他任何方面都更能证明，最卓越的罗马人能成就何等伟业。但在更早些时候，塔西佗向我们显示了不间断的一组可怕的暴君。"一个黑暗而可耻的年代"，是他的概括。"即便我倾情为之的叙述记录的是战争和那些为国捐躯的人们，持续不断的灾难也会让读者心生厌恶，想要远离这么多悲惨事件。我们现在讨论的只有卑鄙的奴性与和平时期为暴政而流的血海，这该让人平添多少厌憎。"元老院元老们卑鄙的奴性最惹人注目。塔西佗说，他们"试图弄清楚谁是最谄媚的奴才"。皇帝【此指奥古斯都的继承者台比留】每次从元老院回来都会说，"这些家伙——他们多么乐意当奴才"。他们堕落之深令人发指。在一次特别残酷的反尼禄叛乱——塞内加和诗人卢坎就在其中丢掉了性命——结束时，塔西佗写道，"当城市血流成河，葬礼让所有街道阴沉哀戚时"，那些失去亲人的人们却"用桂冠装饰皇宫，亲吻他的手"，还有民选的元老提出，"应该为神圣的尼禄修建神庙，他已超越人类，理应获得虔诚膜拜"。

那个年代特有的恐怖是告密者团体，也就是尤维纳利斯所说的"用温柔耳语割断别人喉咙"的探子；如果他们检举成功，就会获得受罚者部分财产作为报偿。经此刺激，告密盛行。"人人彼此互不信任，"塔西佗概括道，"包括亲朋好友。连墙壁都令人怀疑。"这种恶行很容易奏效。人们因为最琐碎的指控而被判有罪：有人因为梦见皇帝戴着枯萎的花冠——这个梦被当作凶兆——而招来杀身之祸；女人受到流放，原因是她为丈夫的命运"心存怨恨"；另一个女人被处死是因为她在儿子被判死刑后哭泣。"自然情感成为重罪，母亲为儿子流泪就是叛国。"许多时候，指控是"秘密施加魔法"，正统的古典时代和启蒙精神似乎随着这些字句的出现走向了终结；读者会突然觉得，自己置身于中世纪。

在白色恐怖的岁月，宫廷里也疑云密布。所有的皇帝都在暴力中死去，但都在杀死最亲近自己的人之后。他们的恶行往往匪夷所思。例如，尼禄迫使自己母亲登船，船会按设计在夜里突然解体；再如，梅萨利纳皇后在皇帝离开时公开另嫁，并且举行盛大的婚礼。"这像是离奇的传说，"塔西佗评论最后的异举道，"但拿虚构的故事逗乐，非本书所愿。"

不过，尽管显然并非故意，塔西佗不时也让人忍俊不禁。尼禄的母亲阿格里皮娜是个真正的厉害女人，后来成为尼禄妻子的珀佩阿难以捉摸，却更可怕，她们为控制尼禄的两相缠斗就写得很生动。珀佩阿魅力非常，甚至塔西佗在写到她时严厉风格也有所缓和："除了美德，她拥有装点女性的其他所有素质——端庄典雅的外表、引人入胜的谈话、优雅练达的智谋。于她有利处她会施恩笼络，如一个让她中意的政治家。"珀佩阿离间尼禄和他母亲的手腕，就再好不过地说明了这个特征："她会温和地拿皇帝开涮，说他是受到监护的学生，被剥夺了个人自由。"然后她会认真起来："如果阿格里皮娜决定只有皇帝讨厌的人才能成为她的儿媳，她就应该退隐偏远的角落，以免看到她让皇帝丢脸。"结束这些话时，还要泪眼婆娑。阿格里皮娜尽管性格暴虐，却无法应付这种魅力与策略的结合。她的死期也随之而至。

不过，在被除掉之前，阿格里皮娜已经给这个国家带来许多不安。这不是因为她给自己的皇帝丈夫喂食毒菇。毕竟，那可以算作发生在公认的女性活动范围即家庭内。那时，元老院所做的一切就是让阿格里皮娜的儿子登上王位，她也是为此才鸩杀皇帝。然而，她还要参与公共生活，这就动摇了罗马的根基。尼禄登基不久，正待接见几位外国使节，这时阿格里皮娜走进来，朝坐椅径直而去，显然想要落座参与全程。"所有目睹这个场面的人都惊呆了，"塔西佗说，"只有塞内加在一片混乱中急中生智，嘱咐皇帝趋前迎接母亲【就好像早已安排好一样】。于是，出现礼敬孝亲的场面，国家的尊严得以挽救。"

男性至高无上的地位，总体来说，在上古黄金时代普遍盛行；而罗马男子开始不得不为护卫其地位而行动。并非只有尤维纳利斯的第六号讽刺作品才表明这种迹象。

与暴政之恶共生共存且同样怵目的是德行之恶。罗马已经到了对这一切不加掩饰的地步。毒药仍然必须在某种程度上秘密实施，但兽欲的场面却能公开上演，它不仅出现于宴会和大众娱乐，而且也出现于角斗比赛之中。塔西佗从未去过竞技场，但当时的另一位作者大大弥补了这一缺憾，他就是隽语诗作家马提雅尔。他在许多诗篇里描述了，在图密善统治时期，当一再以赞颂世界上独一无二的君主——马提雅尔不断重复这一点——的名义，让神话故事中怪异的恶行在整座城市前演绎时，圆形剧场变成了何等模样。

从这些作家转向同时代的斯多葛派，就像从臭气熏天的贫民窟或尸骨成堆的战场转向高山之巅或者杳无人迹的海滩。尼禄当政时期，来自那个被鲜血染红且被耻辱熏黑的宫廷的塞内加写道："我们不需要乞求神殿的守护者让我们靠近他的神像，神就在你身边，与你同在，在你心里。圣灵就存在于我们心中。"在尤维纳利斯去世几年后，罗马的恺撒在多瑙河荒凉堤岸上的士兵帐篷里，正在独自探求以毫不畏缩地履行无我的义务，破解生命之谜——"每时每刻，都要把每项任务当作最后的任务好好完成，不受激情、伪善、自私和不满左右……向你心中的神灵显示，你是男子汉，一个公民，一个忠于职守的士兵，听到战鼓声随时准备牺牲自己的性命。"而在社会阶梯的另一极端，一个生就命运悲惨的人，尼禄的奴隶，不久前刚宣称，罪恶不会降临于他，因为，除非是天意，否则什么都不会发生。那么，"就让我们歌颂神，祝福他，讲述他的善行"。

这不是哲学的声音，而是宗教的声音。斯多葛派哲学从一开始就带有强烈的宗教倾向。公元前4世纪，其奠基者芝诺就在雅典鼓吹，要信仰一位拥有无限力量且无限仁慈的至高无上的神灵，他不在那些与神性不相匹配的神殿接受人们的顶礼膜拜，而是存在于每个人心里，将所有人凝聚成伟大的整体，其中没有贫与富、男与女、奴隶与自由人的差别。三百五十年之后，圣保罗在古代雅典最高法院里告诉雅典人："神不住人手所造的殿……他从同一血脉造出万族的人……要叫他们寻求神，或者可以揣摩而得，其实他离我们各人不远。我们生活，动作，存留，都在乎他。"这些话是斯多葛派教义的简要陈述，是该学派的基本原则。

不过，决不能因此得出结论，说斯多葛主义只是宗教而非哲学。芝诺受到世上大多数伟大宗教领袖都感到的束缚制约，必须要给直觉的宗教信念加上对普适的理性说明。但他的解释具有不是为了知识而是为了支持其他东西而追求知识时都会遭遇的双重缺陷：它不是很好的推理，却又被断言是颠扑不破的真理。结果，它没有吸引多少雅典人。雅典人是天生的理智主义者，且在苏格拉底派的训练下，相信追求真理应该冷静公平，怀着苏格拉底的精神追求知识，他们永远记着"这或许是真的，克拉底鲁。另一方面，它也很可能不是真的"。对公元4世纪的雅典来说，信仰和理性证据有内在联系，而证据的合理性永远有待重新检验。

教条式的神学无法在这样的土壤中扎根。斯多葛主义跨过亚德里亚海,以寻找结出果实所必需的条件。

罗马人的头脑是非哲学的。关于知识和终极因的理论无关紧要,他们不用深入探究这些理论依赖的事实基础,就能接受它们。不过,如果问题涉及生活所需的指导原则,他们就比希腊人更了解什么是重要的了。罗马人具有实际的洞察力:他们洞察善恶之争,而希腊人从未做到这点。在古希腊,享乐和道德并不被认为两相抵触。苏格拉底曾拜访一位著名的交际花,看她是否像传说中的那么漂亮,与她愉快地交谈,建议她怎样做才能最吸引情人,并讨好地赞美她的美貌。苏格拉底在这方面代表了整个希腊。然而,对罗马人而言,义务与享乐之间的对立是绝对的。人类自然倾向于邪恶,坚决加以控制是他们显然的义务。苏格拉底的也是典型的希腊观念,无人能在未接受和实践美德的情况下了解美德——我们一见到最高尚的美德就必定会爱它,这远远不足以应对罗马人所见的生命中难以应对的需要。

斯多葛主义带着对意志的终极强调走向具有这种倾向的人们。斯多葛派的目光集中于生活,而非理性真理。对与错无关理性,而只有关意志。如果不能带来有德之行,所有美德都毫无意义。这是适合罗马人天性最内在需要的学说。他们不需要哲学,哲学是为智性的;他们需要宗教,宗教是为行动的。"我们是所有民族中最富宗教感的。"西塞罗写道。如果宗教被认为是让人从善,而不是解释宇宙的权能,西塞罗的话是对的。基督教对罗马的征服是最彻底的,而且世界的基督教化从罗马开始。如果洞悉罗马人在宗教——这里指西方人理解的宗教,就是善征服恶的力量——方面的天赋,就很容易理解这个事实。

基督教会对这种万能之力的申述,从未超过斯多葛派学者。谁要是认识到自己内心的神圣之光,并且让它永远闪耀,谁就会免除各种罪恶、痛苦、悲哀和死亡就无法进入他内心的圣殿。这是坚不可摧的堡垒，平静统治一切，不管外在的世界如何。爱比克泰德，一个了解尼禄宫廷之恐怖的奴隶，身为奴隶却感到自由，不管所有人怎样对待，他都不受影响。"就算暴君说他要拘押我——我的精神却不会受拘执。'但是我能处死你。''不——你只能砍掉我的脑袋。'"唯一重要的是向善的意志，而人自己完全能够控制。这是我们唯一需要关注的。我们一生的命运，不论奴隶还是皇帝，神已安排。我们需要做的，就是像演员那样好好扮演，无论他赋予我们什么角色。身外的成败无关紧要。"美德体现在朝向目标而非击中目标。"因此最努力尝试的人是最成功的。斯多葛派理念中的智者就像优秀运动员，但他竭尽全力是为参加比赛，而非赢得比赛。

这种自我实现的理念具有的力量，在罗马的最后岁月，有过多次完美展现。就在这座塔西佗和尤维纳利斯看见令人不齿的恶行公开上演的城市，斯多葛派学者却过着苦行僧般的清修生活。在他们看来，所有婚外性关系都"违背法律、肮脏龌龊，因此是羞耻的"。他们主张——这是斯多葛派具有惊人现代性的例证——男女平等，不承认男性比女性拥有更多自由。"你接受这所房子的主人与他的女奴通奸吗？"他们问道，"那么你当然也接受女主人与男奴通奸了？不？你认为男子优于女子，但在控制自己的欲望方面却不如女子？你瞧，你的立场是站不住脚的。如果男人们声称自己优于女人，他们就必须在自制方面显示其优越性。"

在一个暴虐——行为之普遍可谓空前绝后——的时代，斯多葛派学者却宣布暴虐者是被"可怕的精神疾病"所控制，"当观看人之将死而深感愉悦时"，这种疾病达到了"疯狂的极致"。在罗马统治范围内，角斗比赛已有数百年历史，但只有从他们那里，才能听到谴责的声音。

也只有他们宣扬，应该把奴隶当作人来对待。他们信仰"真正的光明将照亮降临人世的每个人"，这种主张是这一信仰的逻辑结果。共享这种光明，奴隶主和奴隶彼此就成为兄弟。也许在这一点上，他们的态度与他们的时代形成了最为鲜明的反差。那时，罗马曾一次处死四百名奴隶，不分男女老幼，只因为他们中的一个杀死了自己的主人。凶手已经查明，即使大街上冷眼旁观的路人，看见这么多无辜的人即将被杀，心肠也会变软，深表同情。但元老院拒绝宽恕；一个著名的元老说道，"我们这些奴仆是从世界各地收集来的人渣"，让他们臣服的唯一方式就是让他们生活在恐怖之中。

恰好就在同一时期，塞内加写道："'他们是奴隶。'人们宣称。不，他们是人。是奴隶？不，是同伴。"爱比克泰德紧随其后，宣称奴隶是"你的兄弟，他来自神灵……拥有与你相同的神圣血统"。历史学家一致认为，作为罗马法的基础，人人生来平等的原则产生于斯多葛派。即便斯多葛主义没有其他令人敬佩的主张，单是这一点就能让他们在全世界的伟大善行中拥有崇高的地位。

斯多葛派传布有多广泛我们并不知道，不过普遍认为他们的信众很多。如果是这样，这个事实就能充分说明罗马人性格中的力量，因为斯多葛主义是为强者的宗教。它从不宣扬行善是通向永恒幸福的方式，更不宣扬行善是逃避永恒痛苦的方式。塞内加说，把来世描述得十分可怕的故事是虚构的。"根本没有阴沉的黑暗等待死者，也没有火湖……暴君的统治不会重现。"斯多葛派学者关注的是尘世的生活。此时此世的行善足矣。无论遭际，不管生死，行善者就是有福者。正是塞内加提出了"美德自身即回报"。斯多葛派别无他求。

不过，为了给予安慰和力量，总是需要神的存在和神圣目标的意念。"当你关上大门，房间渐暗，"爱比克泰德说，"别认为你是独自一人。神就在你屋里。"塞内加也写道："神不会让善人一帆风顺。神会给他考验，给他力量，让他做好迎接自己的准备。"因此，明白了万事万物背后都有一个目的之后，"我不再服从于神——我与他一致。我全心全意追随于他，而非不得不如此"。爱比克泰德问道："我发烧是不是神的意志？这也是我的意志。"至于死亡，"既然神是我们的创造者、父亲和保护者，难道这还不足以让我们免除所有悲伤和恐惧？"马可·奥勒留写道："平静地离开吧，就像那个让你获得解脱的神一样平静。"

因此，在罗马的晚期，最崇高的宗教对抗着最极度的堕落。这两股潮流似乎从未交汇。卑劣者并没有因为他们中间出现了伟人和善者而提升到更高的层次，而处于最可耻的邪恶之中的斯多葛派也从未降低自己的标准。罗马是分裂的城市，那条分割它的终极界线比百万富翁与乞丐、独夫与奴隶之间的古老对立切割得更深。绝对的善与绝对的恶彼此对立，它们之间根本无法调和。罪恶心满意足，美德也同样如此。斯多葛派的信条将善者武装起来，在邪恶面前刀枪不入；但它并没有招募善者，主动向邪恶开战。透过最后的伟大作家，我们看到的古罗马是一个已陷于必然停顿的国家，不可能再有进步。

舞蹈图盘(公元4世纪)

第十三章
古代的结束

物质发展超越了人类发展；
黑暗攫取欧洲，古典时代落幕。

根据波利比奥斯、李维、普鲁塔克留给我们的记载和许多其他作家的引述,在整个共和国初期的伟大年代里,罗马连年征伐。到普劳图斯出生时,罗马已成为意大利不容置疑的主人,这是五百多年战斗的结果。当最后一次迦太基战争把地中海变成罗马内海时,泰伦斯刚去世不久。接下来,东方又向这个不断扩充的帝国召唤,曾在西里西亚战斗的西塞罗,就是将罗马版图远扩至亚细亚的当事人。裘力斯·恺撒征服了西方,并让北非成为帝国的一个行省。贺拉斯时期的罗马,已经成为从撒哈拉到莱茵河和多瑙河、从幼发拉底河到大西洋的大片国土的主人。

"让帝国保持在其边界之内。"这是奥古斯都留给继承者们的遗言。八百年的征战结束。不断攻伐征战、开疆拓土的先贤伟业,从根本上不可能永续。罗马当时已完成使命。她已经完成了奇迹,她为新世界建造了框架。但一个更加艰巨的使命显然尚未完成:让人们的知识和精神跟巨大的物质进步并驾齐驱,这样才能设计和建设新框架需要的新建筑。一种以前不需要的远见和智慧,成为现在迫切的要求。

也许，恺撒拥有这两方面的必要条件，或可重建国家；但罗马并不理解旧的世界已经消亡，因此恺撒死了。奥古斯都从恺撒开创的事业中吸取教训，洞悉了时代的迫切需要，建立的有效体系维持了几个世纪之久。然而，在罗马后期，只有这两个人是伟大的、富于建设性的政治家。其他人都无法与时俱进，以新措施应对新环境。相反，他们全都求助于古代。爱国者们——从西塞罗，直到塔西佗史籍中最后一个自由的殉道士——全都呼吁重倡古风。整个拉丁文学表达的渴望都是回到单纯、虔诚、能承当苦难时期的罗马。面对前所未有的困难，所有人能做的都是往回看——那时似乎总是那么美好、那么万般俱足——并勉为其难地把早已过时的旧方子拿来搪塞眼前的窘况。

旧时的美德完全不足以应对新时代。开拓者和征服者造就罗马帝国的能力，无法应对他们的成就带来的新情况。征服自然或国家要求一些品质；在胜利基础之上，建设更好的国家，更好地处置人事，则需要另一些品质。当人们必须从添财变为理财时，光是勇敢、自立和忍耐，就显得不够了。不管是对在荒野中筑路的工人，还是在战场上善断的将领而言，个人主义都必须抛弃。个人主义只适合荒野和战场。在罗马赢得众多重大的胜利后，只有靠协同合作，人们才能采摘胜利的果实。罗马已经发展到一个新阶段，这时整体的利益与个人的利益密不可分，个人的利益也和整体的利益紧密相连。发展的情势已太过复杂，远非单纯个人的单纯美德能够解决。首要的必要条件就是理智和精神的洞察力，就是睿智和公正。

罗马帝国的成就，显示了罗马的能力。罗马人具有优秀的品质和强大的潜力。如果人民团结起来，意识到他们是互相依赖的，并为了共同的利益而工作，那么，尽管他们面临极其陌生而困难的问题，我们也有理由相信，他们能轻而易举地克服这些问题。可是，罗马人分裂成许多势不两立的敌对派别，各种极端势力此后变得越来越对立因此也越来越不可靠。当人们的自我保存要求他们具备全球视野时，狭隘的自私却让他们变得盲目。

　　历史一再重复。这一事实证明了人类的愚蠢。这种说法已成为公理，但是，人们却把研究历史交给学者和学童。历史确实是指引我们前进的地图——而且不止于此。在我们今天误入歧途、失去自我的地方，其他人也曾经犯下同样的错误，并且记录了他们走过的曲折。我们就像永远不能师从年长者的青年——但青年毕竟是青年，而成熟者应有智慧。我们这些成年人，学习过去古老的经验而有所获，应该不是没有可能。

　　两千年间，只有我们机械和工业时代的物质成就，可与罗马媲美。罗马失败的根本原因是，他们的思想和精神未能提升以适应新的伟大机遇，不能应付新的伟大局势带来的挑战。这点值得我们仔细思量。物质发展超越了人类发展；黑暗攫取欧洲，古典时代落幕。

大事年表

公元前

753 年　　　　传统认为罗马建成的年份

266 年　　　　征服意大利鲁比肯河以南全境

264–241 年　　第一次布匿战争

218–201 年　　第二次布匿战争

184 年　　　　普劳图斯去世

185–159 年　　传统认为的泰伦斯生卒年份

167 年　　　　波力庇阿斯来到罗马

149–146 年　　第三次布匿战争，迦太基灭亡

133–121 年　　提比里乌斯和盖约·格拉古煽动改革

106 年　　　　西塞罗出生

102 或 100 年　恺撒出生

87 年　　　　 据传加图卢斯出生，时间不定

82 年　　　　 苏拉专政

78 年　　　　 苏拉去世

70 年　　　　 维吉尔出生

65 年　　　　 贺拉斯出生

63 年　　　　 卡提林叛乱

60 年　　　　 第一次三巨头会盟——恺撒、庞培、克拉苏

59 年　　　　 李维出生

58–51 年	恺撒征服高卢
57 年	加图卢斯去世,时间仍只是推测
49 年	恺撒和庞培的内战
48 年	庞培在法萨卢战败,逃往埃及,遭诛杀
44 年	恺撒被刺
43 年	第二次三巨头会盟——屋大维(奥古斯都)、安东尼、雷必达; 西塞罗被杀
42 年	菲力布战役;处死布鲁图斯和卡西尔斯
31 年	安东尼在阿克提姆战役战败 奥古斯都独自统治帝国
30 年	安东尼和克里奥帕特拉去世
19 年	维吉尔去世
8 年	贺拉斯去世
3(?)年	塞内加出生

公元后

14 年	奥古斯都去世
17 年	李维去世
14–37 年	提比里乌斯的统治——扩展法律,事无巨细,以裁抑谋叛;重奖改革派;垂死时被扼喉而死
37–41 年	卡利乌斯(卡利古拉)至少半疯,被士兵谋杀
41–54 年	克劳蒂斯先娶马萨利纳,再娶阿格里皮纳,在确定她的儿子尼禄为继承人之后,阿格里皮纳因禁了克劳蒂斯;塔西佗大约生于克劳蒂斯统治后期
54–68 年	尼禄逃出反对他的哗变后,在士兵赶来处决前自

	杀；恺撒家族统治结束
65 年	塞涅卡被尼禄下令处死
69 年	三帝轮替年：加尔巴，被哗变士兵杀死；奥托，在被维特利乌斯战败后自杀，后者也被哗变士兵杀死
69–79 年	维斯西巴安。一代明君，征服耶路撒冷，建立竞技场。死后其子继位
79–81 年	提图斯统治时期，赫库兰尼姆和庞贝城毁灭。死后由他的兄弟继位
81–96 年	戴米提安统治时期，他被自由民和他的妻子谋杀
96–180 年	五明君时期：尼法、戴里安、哈德良、安东尼·皮乌斯（Antonius Pius）、马可·奥勒留。从尼法开始，每个皇帝都是由其前任指认为继位者

塔西佗大约死于戴里安统治期，117 年前后。

尤维纳利斯据说在戴米提安统治期从事创作，大约死于哈德良统治期间，135 年前后。

爱比克泰德大约生于 50 年前后，死于公元 1 世纪初。

图书在版编目（CIP）数据

罗马精神：第二版/（美）依迪丝·汉密尔顿（Edith Hamilton）著；王昆译. --北京：华夏出版社，2019.1
（汉密尔顿的古典世界）
ISBN 978-7-5080-9568-4

Ⅰ.①罗… Ⅱ.①依… ②王… Ⅲ.①文化史－古罗马 Ⅳ.①K126

中国版本图书馆 CIP 数据核字(2018)第 191681 号

罗马精神（第二版）

作　　者	[美]依迪丝·汉密尔顿
译　　者	王　昆
责任编辑	王霄翎　刘雨潇
责任印制	刘　洋
出版发行	华夏出版社
经　　销	新华书店
印　　装	北京汇林印务有限公司
版　　次	2019 年 1 月北京第 2 版 2019 年 1 月北京第 1 次印刷
开　　本	880×1230　1/32
印　　张	6.75
字　　数	120 千字
定　　价	49.00 元

华夏出版社 地址：北京市东直门外香河园北里 4 号　邮编：100028
网址：www.hxph.com.cn　电话：(010)64663331(转)
若发现本版图书有印装质量问题，请与我社营销中心联系调换。